世界航空经济
发展研究之成都战略

李凌岚 安诣彬 雷海丽 ◎ 著

中国财经出版传媒集团

经济科学出版社
Economic Science Press

图书在版编目（CIP）数据

世界航空经济发展研究之成都战略/李凌岚，安诣彬，雷海丽著． -- 北京：经济科学出版社，2022.5
ISBN 978 - 7 - 5218 - 3645 - 5

Ⅰ. ①世…　Ⅱ. ①李…②安…③雷…　Ⅲ. ①航空运输 - 运输经济 - 经济发展战略 - 研究 - 成都　Ⅳ. ①F562. 871. 1

中国版本图书馆 CIP 数据核字（2022）第 068575 号

责任编辑：崔新艳
责任校对：徐　昕
责任印制：范　艳

世界航空经济发展研究之成都战略

李凌岚　安诣彬　雷海丽　著

经济科学出版社出版、发行　新华书店经销

社址：北京市海淀区阜成路甲 28 号　邮编：100142

经管中心电话：010 - 88191335　发行部电话：010 - 88191522

网址：www. esp. com. cn

电子邮箱：espcxy@ 126. com

天猫网店：经济科学出版社旗舰店

网址：http：//jjkxcbs. tmall. com

北京季蜂印刷有限公司印装

710 × 1000　16 开　10.75 印张　180000 字

2022 年 6 月第 1 版　2022 年 6 月第 1 次印刷

ISBN 978 - 7 - 5218 - 3645 - 5　定价：65. 00 元

（图书出现印装问题，本社负责调换。电话：010 - 88191510）

（版权所有　侵权必究　打击盗版　举报热线：010 - 88191661

QQ：2242791300　营销中心电话：010 - 88191537

电子邮箱：dbts@ esp. com. cn）

本著作主体内容来源于成都市经济和信息化局于2018 年 8 月组织开展的"成都市航空经济发展战略研究"项目。

课题组成员

顾　　　问：杨　伟　　杨保军　　任　虹　　潘爱华
　　　　　　吴晓华　　彭友梅　　曹允春　　邓　玲
　　　　　　帅　斌　　沈　迟
组　　　长：李凌岚
副　组　长：安诣彬　　雷海丽
课题组成员：刘冬洋　　林　溪　　黄哲霏　　谭万洪
　　　　　　王福平　　严　俊　　杨　琴　　余海东
　　　　　　刘　畅　　高　芸　　戴　宾　　唐志红
　　　　　　蓝泽兵

前　言

　　随着国家战略布局和成都经济高速发展，成都已从内陆城市跃居为我国向南亚、东南亚的西南通道门户，并在航空产业方面具有显著的发展优势，是国内极少数具备将航空经济进行整体推进条件的城市。成都市委市政府在 2018 年初提出成都市发展航空经济的设想，2018 年，受成都市经济和信息化局委托，中国城市和小城镇改革发展中心联合成都市工业经济和信息化研究院、四川省社会经济管理研究院等单位有关专家组成课题组，历时近一年完成了相关研究工作。本书正是在此课题研究成果基础上编辑完成的。

　　航空经济是航空运输、航空制造、航空服务等多个产业经济形态融合发展、升级发展、高质量发展的新兴业态方向，是促进和引领一个城市整体经济高质量发展的新引擎。研究成都航空经济，旨在构建成都产业新支撑，以发展航空经济为抓手，集聚成都优势力量，提升城市能级，实现"立体全面开放"，支撑国家中心城市建设，在全球竞争中发挥新优势。同时，成都亟须积极争取国家政策，主动承担国家使命，有机、系统地融入国家航空经济布局及相关战略布局中。

　　航空经济体系庞大，且成都提出发展航空经济的内涵不同于上海的临空经济区、郑州的航空港综合实验区、广州的空港经济区等，不属于某一个区域内的经济概念，而是全域产业经济发展的概念，不仅包括航空枢纽引致的经济门类，还包括航空制造产业链的发展，这开启了我国对于航空经济全产业体系研究的先河。基于国内外航空经济发展内在规律的研究，课题组从航空经济核心驱动力视角进行分析，得出航空制造（大飞机总装）和航空枢纽是两大核心驱动力、航空服务为其重要支撑的结论，并以两大核心驱动力为切入点，形成课题研究思路：通过界定航空经济概念，确定研究边界，大量分析国内外案例和国家战略导向，确定核心驱动力和关键影响因素，在对标城市分析中得出成都发展竞争优势、短板、痛点，基于此提出核心战略和发展目标，围绕目标判断产业方向发展战略措施，并制定成都近期航空经济关键抓手及体制机制保障。

本书得以成稿，首先感谢成都市经济和信息化局对中国城市和小城镇改革发展中心的信任，委托我们完成如此富有挑战且有意义的课题研究，感谢张鲁进副局长①自始至终对研究顺利推进给予的各方面支持，同时感谢成都市工业经济和信息化研究院谭万洪主任、王福平副主任、严俊所长对多家单位分工协作方面给予的巨大协助。感谢杨伟、任虹、杨保军、潘爱华、吴晓华、彭友梅、曹允春、邓玲、帅斌、沈迟等专家顾问对课题研究目标、方法、成果等全过程的悉心指导，确保了课题的前瞻性、创新性和可操作性。感谢成都市经济发展研究中心李霞主任、中国城市和小城镇改革发展中心张国华院长对研究工作给予的支持和帮助。工作期间，课题组得到了成都市多个市直部门、区县部门、多家航空领域企事业单位负责同志的大力支持，在此，谨向他们表示衷心的感谢！最后感谢课题组每一位伙伴的全心投入，感谢

---

① 以下表示感谢的相关领导、专家、项目组成员等所在单位和职务均为2018年时任。

刘冬洋、林溪、黄哲霏、唐志红、刘凤、蓝泽兵，大家在完全没有可借鉴案例的情况下，与我们一起挑战和探索，开创了航空经济之于一个城市发展指导的先河！本书的谬误或不当之处，请读者批评指正。

作者

2022 年 4 月

目　录

第1章　航空经济及其发展

1.1　航空经济的内涵

1.1.1　航空经济既有概念解读及相关概念辨析

关于航空经济，国内外学者尚未对其概念达成共识，在航空经济概念的提出和演变过程中，先后经历了航空港经济、临空经济和航空经济等几个阶段，还先后出现了低空经济和航空枢纽经济等概念。本书首先基于现有航空经济概念解读和相关概念辨析，界定了航空经济的概念和研究范围（见表 1-1）。①

现有的航空经济概念从来源上可分为三类：一是来自政府部门，二是来自高校，三是来自企业。② 总体而言，众多概念解读基本达成了三点共识：一是认可航空经济是一种新的经济形态，二是明确航空经济属于产业经济的范畴，三是强调航空运输和航空制造是两类最核心的产业类型。

与航空经济相近和相似的概念主要有航空港经济、临空经济、低空经济、航空枢纽经济等，其在概念类别和产业侧重点上有所不同，如表 1-1所示。在实际的研究和建设实践中，以临空经济和航空枢纽经济这两种最多。

① 李宏斌. 试论航空经济的概念与发展 [J]. 北京航空航天大学学报（社会科学），2014，27（2）：85-88.

② 郝爱民. 航空经济的基本内涵、特征和分类——兼谈郑州航空港综合实验区发展策略及路径 [J]. 开封大学学报，2014，28（1）：24-28.

表 1 – 1 　　　　　　　　　　航空经济相关概念

概念名称	概念类别	机场影响力	产业侧重点	定义
航空经济	产业经济	影响因素之一	航空全产业链	—
航空港经济	区域经济	核心影响因素	临空指向产业和航空运输产业	航空港经济是以航空枢纽为依托，以现代综合交通运输体系为支撑，以提供高时效、高质量、高附加值产品和服务并参与国际市场分工为特征，吸引航空运输业、高端制造业和现代服务业集聚发展而形成的一种新的经济形态
临空经济	区域经济	核心影响因素	临空指向产业	临空经济是一种新兴的区域经济形态，其依托机场设施资源，通过航空运输行为或航空制造活动，利用机场的产业聚集效应，促使相关资本、信息、技术、人口等生产要素向机场周边地区集中，以机场为中心的经济空间形成了航空关联度不同的产业集群
低空经济	产业经济	影响因素之一	通用航空及相关产业	低空经济是以低空空域（指距正下方地平面垂直距离原则上在 1 000 米以下，根据不同地区特点和实际需要可延伸至 4 000 米的空域）为依托，以通用航空产业为主导，涉及低空飞行、航空旅游、支线客运、通航服务、科研教育等众多行业的经济概念，是辐射带动效应强，产业链较长的综合经济形态
航空枢纽经济	产业经济	核心影响因素	航空运输产业	枢纽经济是指在机场内直接依托民航旅客运输链而形成的航空主业和非航空主业方面的经济形态

　　资料来源：国家发展改革委. 郑州航空港经济综合实验区发展规划（2013－2025 年）［R］. 中华人民共和国国家发展和改革委员会网站，2013－03－08；曹允春. 临空经济：速度经济时代的增长空间［M］. 北京：经济科学出版社，2009：41－49；卜鹏楼. 低空经济、通航产业：辽宁发展新动力［J］. 辽宁经济，2013（8）：9－15；文瑞. 试论航空港经济概念的新发展［J］. 河南科技大学学报（社会科学版），2015，33（2）：81－85.

从概念类别上来说，航空经济与低空经济、航空枢纽经济一样，属于产业经济的范畴，其发展并不局限于机场区域或某一特定空间，机场只是影响其发展的众多因素之一。而航空港经济与临空经济属于区域经济的范畴，强调的是在机场及其附近一定特定区域内的产业发展，机场是这两类经济形式的核心影响因素。

从产业侧重点来看，航空经济强调航空相关全产业链，而其他几个概念则涉及航空产业的其中几个方面。临空经济主要侧重在临空区域内的临空指向产业；航空枢纽经济则是侧重枢纽功能本身的航空运输产业；航空港经济是这两者的综合，既强调临空指向产业，也重视枢纽本身的航空运输产业；而低空经济更多侧重于适宜在低空航行的飞行器及其相关制造业、服务业等，如通用航空产业。

1.1.2　本研究航空经济的概念界定

本书认为，航空经济是一个产业经济概念，是以航空飞行器研发制造、运营、服务保障三个领域所组成的经济组织形态。具体而言，航空经济是航空运输业（航空客运、航空货运、通用航空运输等）、航空制造业、航空运营服务业（机场保障、培训、教育、销售、维修以及航空金融等）、航空衍生服务业（航空体育、休闲娱乐、商务会展等）、航空引致产业（各环节生产要素相关产业）等多种产业的集合与集成后并产生了新衍生收益效应的经济业态和状态。各细分产业之间具有很强的网络关联，从空间场域上来说，航空经济在空间范围上不局限于某一个机场。①

1.2　航空经济兴起的原因

1.2.1　交通运输方式的递进变革带动了航空经济的快速崛起

"全球航空经济第一人"美国北卡罗来纳大学教授约翰·卡萨达的

---

① 李宏斌. 试论航空经济的概念与发展［J］. 北京航空航天大学学报（社会科学），2014，27（2）：85－88.

"第五波理论"，认为交通运输方式变革是带动经济快速发展引领性"冲击波"，① 其中，航空运输是继海运、天然运河、铁路和公路运输之后对区域经济发展的第五冲击波。在工业化初期和中期，分别先后由海运、水运、铁路和公路运输方式的兴起引发了经济高速增长；而在工业化中后期，航空运输必然成为引发经济高速发展的带动力量。② 最突出的表现是，21世纪经济互联互通中的实体网络民用航空，在综合交通运输体系中的作用日益突出，是增长速度最快、发展潜力最大的交通运输方式。与此同时，与现代经济快速发展相适应的大型机场，突破了单一运输功能，通过与多种产业有机结合，形成颇具带动力和辐射力的"临空经济区"，成为地区经济增长的"发动机"，也成为航空经济发展的重要承载区。交通运输方式的递进变革使机场成为21世纪带动城市发展的重要驱动力，正如同20世纪带动城市发展的重要驱动力是高速公路、19世纪是铁路、18世纪是港口一样。航空经济是技术进步引致的全球化垂直分工体系和网络化经济活动，以及远距离快速通达的现代交通运输方式所孕育出来的一种新型经济形态。航空经济的发展揭示了整个经济乃至社会活动内在结构的变化及演化趋势。

1.2.2　经济全球化纵深推进为航空经济发展提供了持续动力

全球经济一体化时代，经济发展要求在全球范围内配置高端生产要素，以追求更合理的资源配置和以更低成本取得最大利益。进入21世纪第二个十年以来，经济全球化不断深入，各个国家之间的来往更加密切，跨区域的社会经济活动日益频繁，而中国提出的"一带一路"倡议

---

① "全球航空经济第一人"——美国北卡罗来纳大学教授约翰·卡萨达的"第五波理论"认为，影响世界经济的第一个冲击波是由海运引起的，主要表现为一些海港周围出现世界级大型商业中心城市，比如洛杉矶、旧金山、纽约、巴塞罗那、横滨等。第二个冲击波是由天然运河引起的，水运成为欧洲和美国工业革命的推动力量，比如伦敦的泰晤士河、巴黎的塞纳河、纽约的哈德逊河。第三个冲击波是由铁路引起的，一些内陆城市成为内地商品生产、交易、配送中心，比如亚特兰大、芝加哥等。第四个冲击波是由公路引起的，发达国家在远离城市中心的地方建立了大型购物商城、商业中心、工业园区、企业总部等。世界经济正处在由空运引发的第五个冲击波影响中，主要是在经济全球化背景下，航空运输适应了国际贸易距离长、空间范围广、时效要求高等要求，成为经济发展的新驱动力以及现代化国际经济中心城市迅速崛起的重要依托。

② 李航，孙薇. 我国航空运输未来发展趋势分析［J］. 经济研究导刊，2013（11）：65－67.

更是将全球化推向了新的高度。随着经济全球化纵深推进、全球生产的转移与分工合作，以及人们消费方式和社会交往需求的剧烈扩大，社会对航空、对时效的需求呈现井喷式增长。[①] 现代经济正在形成一个数字化、全球化和以时间价值为基础的全新竞争体系。而机场作为综合交通运输体系的重要组成部分，依托航空运输速度快、空间资源配置能力强、安全性好等优势，成为区域经济发展的强大驱动力。可以说，航空经济是伴随经济全球化而产生的，更是推动经济全球化不断深入的重要支撑力量。

一方面，航空运输业是全球贸易发展的引擎，繁荣的全球贸易活动也是航空业增长的重要推力。[②] 航空运输适应了国际贸易距离长、空间范围广、时效要求高等特征，能够承担跨国资本、人员、技术和高附加值货物的运输职能，是经济全球化进程的重要载体，在优化全球资源配置中发挥着重要作用，也是航空经济产生的主要驱动因素。另一方面，航空运输不仅仅是一种交通运输方式，更是直接促进了区域经济的发展，为不沿边、不靠海的传统内陆地区融入全球经济提供了最佳通道。远离海洋的地理区位以及由此带来的高昂的运输成本和时间成本是制约内陆地区发展的困境，航空运输在一定程度上使内陆地区摆脱了地理区位的制约，从而能够融入全球经济体系，积极参与全球产业分工。航空运输作为全球化的催化剂和承载者，正深刻地影响着城市间相互联系的格局，是现代化国际经济中心城市迅速崛起的重要依托。从世界各国的经验看，航空运输越是发达的地区，往往也是经济外向型越高的地区。发达的航空运输已成为衡量各国或地区迈向国际化的重要指标。

1.2.3　产业高端性外溢性的特征促使航空经济获得高度重视

航空经济是当今发达国家普遍高度重视发展的战略性产业领域，其重要性不仅仅在于其本身的战略价值，更在于航空经济带来的战略"新组

---

① 李宏斌. 试论航空经济的概念与发展 [J]. 北京航空航天大学学报（社会科学），2014，27（2）：85 - 88.

② 于跃. 航空运输业：全球贸易发展的引擎 [DB/OL]. 中国经济网，http://intl.ce.cn/specials/zxgjzh/201708/30/t20170830_25554082.shtml.

合"，即随着新技术的出现和全球资源整合的需要，航空制造与其他产业、民航运输与其他行业、全球产业价值链与区域产业链的高度融合等方面出现了新搭配、新组合、新整合，改变了以往的"独自（立）"形态。① 这种高度外溢性特征，使得航空经济成为一国经济发展的战略性、先导性高技术产业，更是一国现代化、工业化、科学技术和综合国力的重要标志。②

一方面，航空制造因其产业链长，技术、资金、知识密集等属性，是典型的高科技高附加值产业，是先进制造业和现代服务业的重要组成。航空制造在国民经济发展和科学技术进步中发挥着重要作用，可拉动材料、冶金、化工、机械制造、特种加工、电子、信息等产业的发展和创新。其中，大型客机制造是现代制造业的一颗明珠，是现代高新科技的高度集成。现代航空器和空中交通管理系统高度聚集了大量先进技术，自动化、电子、微电子、计算机等现代高科技在机载设备和空管设备中被大量采用，使控制、管理系统具有越来越高的自控性；先进技术、先进材料被广泛应用于航空器制造，使飞行动力性能越来越强大。③ 因此，航空制造业是高新技术发展的策源地和市场，能够带动新材料、现代制造、先进动力、电子信息、自动控制、计算机等领域关键技术的群体突破，能够拉动众多高技术产业发展。④

另一方面，航空运输业蕴藏着巨大的经济价值，是促进经济繁荣的强劲动力。航空运输本身可以提高经济体系的运转效率，将会加速形成区域内的立体交通网络，通过不同运输方式间的无缝隙连接，实现客货运输的一体化完整链条，提高区域经济社会体系的运转效率。同时，航空运输还改善了投资环境，加速推进航空互联互通，带来的更是全球人才、资本、技术等高端发展要素的加速汇聚。而且，机场也不再是传统意义上的单一运送旅客和货物的场所，已经成为全球生产和商业活动的重要节点、带动地区经济发展的引擎，不断地吸引着众多的与航空业相

---

① 李宏斌. 试论航空经济的概念与发展 [J]. 北京航空航天大学学报（社会科学），2014，27（2）：85-88.

② 孙茂强. 飞机驾驶舱半仿真硬件方法研究及实现 [D]. 中国民航大学，2011.

③ 李家祥. 世界民用航空与中国民用航空的发展 [N]. 中国民航报，2009（6）.

④ 丁赛赛，谭鸿益. 避免战略产业贸易冲突的分析——以欧美大飞机补贴冲突为例 [J]. 对外经贸实务，2011（1）：43-45.

关的行业聚集，机场及其周边区域正日益演化成为一个特色经济活动高度集中的区域。

1.2.4 现代产业高新化大大提升了航空经济的潜在市场空间

航空经济是伴随着新技术革命的兴起而产生的。而对高新企业来说，企业的产品具有体积小、运量少、附加值高、单位产品承担运费的能力较强、运输时效性要求高等特点。由于其产品附加值不断提升，现代产业的发展促使企业从以运费指向、供给指向、市场指向逐渐向时间价值指向转变，体现在节约研发时间、新产品以最短的时间进入目标市场。而时间价值成为影响企业的成本与收益的重要区位因素，① 使得高新企业对航空运输的依赖性日渐增强。高科技产品需要按照其"按需生产"的特性进行全球采购、全球分销，只有依靠航空物流的快速分拨、集散才能保证运输服务的顺畅进行。② 区域高新技术产业的蓬勃发展增加了对航空物流的需求也带动了航空经济的规模发展。国外经验显示，高技术产品有 70% ~ 80% 是经由航空运输到达市场或下一轮工序的。同时，现代服务业的迅速发展也产生了巨大的人流、物流和信息流快速运输需求，公务商务人员的旅行、公务商务文件的快递、有快速运输需求的产品都依托于航空经济的发展。过去 30 年来，航空货运以每年 7% 的速度增长，而世界经济的增长率为 3.2%；在旅客运输方面，随着人们收入水平的提高、生活节奏的加快和消费结构的升级，航空运输以其快速、便捷、舒适、安全、机动等特点，已成为长距离客运最重要的出行方式。因此，在国际经济的全球低成本战略、高科技企业的产品特征变化、企业追求时间价值取向的区位偏好等经济环境巨大变化的背景下，航空经济正发挥着越来越重要的作用。③

---

① 周海港，周阳. 黑龙江省发展成临空经济指标体系构建研究 [J]. 北方经贸，2014 (7)：93 - 94.

② 丁亦俊，蔡圣佳，张晓峰. 航空物流业发展现状及对策分析 [J]. 现代商业，2012 (17)：22 - 23.

③ 张文俊. 国内外临空经济区的发展现状比较研究 [J]. 科学与财富，2012 (1).

1.3 航空经济的发展规律

1.3.1 航空经济正在加速推进形成全球经济竞争的新体系

航空经济成为经济全球化深度推进过程中各经济体参与全球竞争的重要组成部分。随着经济全球化趋势的加强，生产要素全球化配置日益强化，跨区域的经济活动日益频繁，航空运输业对于各经济体在全球经济竞争的重要性及推动作用也日益突出。在经济全球化深度推进过程中，世界航空运输业快速增长，催生了巨大的全球与区域性航空运输市场。而全球航空运输市场的蓬勃发展推动了全球航空制造业的发展与全球布局，各跨国航空制造企业也开始了其飞机制造的全球化生产及战略布局。此外，随着全球经济以及新兴经济体的进一步发展，全球通用航空市场需求快速增长，通用航空运输与制造领域也逐步成为各经济体在全球经济竞争中的重要角逐领域。

航空制造是参与全球产业分工和争取全球经济话语权的重要体现。航空制造作为一个综合性高技术含量的产业领域，对国民经济各个产业领域都有非常强的辐射与带动作用，航空制造产业的发展代表了一个国家制造业的综合发展水平，对国家战略安全与在全球经济中的话语权提升都有重大意义。以大飞机制造为代表的全球航空制造业主要是以欧洲的空客和美国的波音公司为垄断寡头，直接导致了其他经济体在航空运输以及国家战略安全领域受到美国和欧盟的巨大制约。我国作为综合国力快速提升的新兴大国，已开始实施我国的大飞机制造战略，结合《中国制造 2025》，将逐渐改变我国高端装备制造业与军工行业过度依赖外购的局面，将极大地提高国家装备制造与新材料等产业的发展，推动国家产业结构调整与升级，提升我国在全球经济的话语权。

航空运输是全球化背景下经济体参与全球竞争的重要支撑与保障。随着经济全球化的深度推进，全球经济联系与产业分工不断加强，以国际航空枢纽为核心的机场群逐渐成为各经济体参与全球竞争的重要支撑网络，是区域经济融入全球经济的核心载体，从而激发了巨大的航空客运与货运需求。随着航空客货运的快速增长，围绕枢纽机场集聚而成的航空城、临空经济区逐渐成为区域经济与产业发展的增长极。同时，航空物流与航空客运服务作为产业经济发展的重要组成部分也是推动区域经济发展的支撑部分，其发展规模与发展水平是提升区域经济国际化竞争力的突出体现。

1.3.2　世界航空经济呈现以航空制造与航空枢纽两大驱动力为主的发展规律

1. 两大动力（航空制造与航空枢纽）驱动航空经济发展的规律

通过对空客、波音、我国 C919 以及日本、俄罗斯等其他国家干线民用飞机制造的发展历程、影响与推动要素等进行研究分析（见表 1 - 2），梳理与研究国际航空经济发展的内在作用机制。本书认为，航空经济最早起始于飞机制造产业的兴起，随着两次世界大战飞机在军事上的应用，飞机制造在技术领域取得了巨大进步。二战后飞机制造向民用运输领域转型，极大地提升了航空运输市场，催生了航空枢纽的形成。随着全球航空枢纽的不断成长，巨大的航空运输服务对干线飞机的市场需求推动了商用飞机制造业的发展，干线飞机的生产与制造带动了航空制造领域上下游产业链的形成与集聚。此外，干线飞机制造技术水平的不断提升也带动了航空运输服务业的壮大发展，航空运输市场不断壮大，航空枢纽的能级得到持续提升，航空枢纽依托巨大的人流与货流以及便捷的全球联系度，在带动航空运输服务相关产业集聚的同时也带动了高附加值、高时效性的产业在航空枢纽周边集聚，形成了以临空经济为特征的产业功能区。整体来看，航空经济的发展主要依托以干线飞机总装为核心的航空制造以及以航空运输服务为核心的航空枢纽两大驱动力来推动产业链的形成与产业的空间集聚（见图 1 - 1）。

表 1 - 2　　　　项目组航空经济驱动力要素研究资料统计

序号	资料	主要研究内容
1	《最高的战争——波音与空客的全球竞争内幕》	世界两大飞机制造寡头 30 多年的发展与竞争过程中政府、军方、技术、市场营销等要素的影响分析

序号	资料	主要研究内容
2	空客发展历程及重大事件	研究空客在图卢兹的发展与成长过程中重要的影响要素
3	波音发展历程与重大事件	研究波音在西雅图的发展过程中重大的影响与推动要素
4	《一个国家的起飞——中国商用飞机的生死突围》	研究我国商用飞机的发展以及 C919 飞机的发展背景与现状
5	《中国制造 2025》	国家航空制造领域发展战略与导向
6	《航空大都市》	航空城与临空经济区理论基础研究
7	全球 11 个具有典型代表的航空都市与临空经济区案例研究	航空枢纽带动的临空经济区发展规律研究

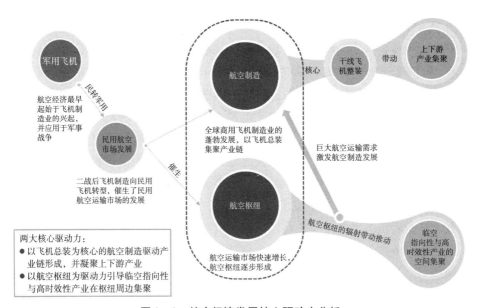

图 1-1 航空经济发展核心驱动力分析

资料来源：自绘。

2. 两大动力（航空制造与航空枢纽）驱动航空经济发展的核心要素及方式

（1）航空制造驱动航空经济发展的核心要素分析。

航空制造驱动航空经济发展的重要驱动要素主要包含了国家意志与支持力度、航空制造技术水平、科研创新能力、飞机总装能力（即"产业链集成能力"）、工业发展水平等要素，其中国家意志与支持力度影响最为关键，对整个国家民用飞机制造、产业链各环节技术发展、参与全球商用飞机市场竞争等方面都有非常重大的影响。

干线飞机总装是航空制造产业集聚与规模化发展的核心。对于航空制造产业而言，最具产业引领与集聚能力的环节是干线飞机的总装。大飞机制造商本质上是航空制造产业链所有环节的"系统集成商"。对于追求高技术的航空制造产业而言，拥有对新技术的集成与综合能力远远重于在单项技术的创新，拥有一款大飞机的总装能力即拥有了其自主产权，也就意味着从飞机的市场选择、整体设计、性能指标、机型结构、系列化发展、后期维修到市场销售等一系列关键环节都拥有了决策权。因此，在航空制造领域，只有像波音、空客这种"大规模的系统集成商"（即具有大飞机总装能力的企业）才具有对产业集聚与规模化发展的最大带动力。

先进的工业技术水平是保障航空制造业发展的前提。大飞机制造是集新材料、焊接工艺、零部件加工、装备组装、试验测试、电子、航天监测等一系列工业基础环节为一体的知识与技术密集型产业，其发展水平与一个国家、城市的工业发展水平紧密相关。从世界各国飞机制造业的人均产出比较来看，美国飞机制造业直接从业人员约 40 万人，年产值达到 2 500 亿~3 000 亿美元，人均年产出 75 万美元；欧盟飞机制造业直接从业人员约 35 万人，年均产值 2 000 亿~2 500 亿美元，人均年产出约 71 万美元，而我国直接从业人员达到了 40 万人，年均产值约 400 亿美元，人均年产出仅为 1 万美元，与其他国家差距巨大，究其原因，除了我国飞机制造业起步晚之外，我国工业发展水平与发达经济体差距较大也是根本性原因。

全球领先的航空科研能力为航空制造发展提供了有力保障。国家战略引导大型航空航天科研与教育机构的集聚。以图卢兹为例，自 1968 年空中客车集团成立以来，欧洲各国特别是法国从政府层面推动大型航空航天功能机构和相关企业向图卢兹集聚，包括法国航空航天中心、国家气象中心、① 国家航天研究中心等高能级研发机构，法国国立民航大学（ENAC）、法国航空航天大学（ISAE）、法国国立机械与航空技术大学（ENSM）等顶级学府，以及空客军机总部、达索航空、达索战斗机制造总装基地和摩托罗拉、汤姆森、西门子等国际知名企业公司。在高端要素集聚的推动下，图卢兹也成为航空航天重要研发成果的诞生地。世界上第一架超音速客机、商用飞机、直升机以及全球最大的宽体客机A380 都诞生在图卢兹，图卢兹也由此成为世界上久负盛名的航空航天城。

飞机制造商以研发符合航空运输市场需求的明星产品赢取市场占有率。从波音与空客 20 多年的角逐与竞争过程中可以看出，除国家战略政策支持外，两大寡头公司都以研发和制造满足航空公司运输需求和效益最大化的明星整机产品来竞争市场份额，例如空客 A320 与波音 B737 都属于中短程窄体商用双引擎客机，而 A320 晚于 B737 约 20 年进入市场，且 A320 是应对 B737 设计开发的空客明星机型，是空客在窄体机市场挑战波音的主打机型。截至 2017 年 9 月，波音 737 系列飞机共生产9 700 余架，空客 A320 系列生产 7 700 余架，从数量上就能看出这两种机型是波音与空客最为畅销的产品，也是国际飞机制造两大寡头相互竞争的产品。此外，A330 与 B767、B787，A340 与 B747 均为相互竞争产品。

国家战略、政策、资金、技术扶持是航空制造产业的原始驱动力。飞机制造是牵涉多学科的知识与技术密集型产业，严重依赖国家和所在城市的工业基础，同时也是国家在航空学、电子学、计算机、冶金、复合材料、加工技术等领域的综合发展水平的体现，具有发展周期长、投资规模大、高风险、门槛高等特点。一个成功的飞机项目需要历时十多年的研发试验时间，因此，政府的战略重视度对民用飞机产业的发展至关重要。纵观波音和空客飞机的发展历程，其成功背后离不开美国政府与欧盟政府多年不计回报的资金与技术的大力支持，可以说完全是美国与欧盟强大的战略意志支持下形成的全球商用飞机制造双寡头。

---

① 熊竞. 法国图卢兹缘何被称作欧洲宇航之都［DB/OL］. 澎湃新闻，https：//news. sina. com. cn/o/2018 – 01 – 16/doc – ifyqqciz7964106. shtml.

（2）航空枢纽驱动航空经济发展要素分析。

与航空制造驱动航空经济发展的形式不同，航空枢纽则作为一个相对完整的空间载体，呈现不同的发展阶段，而不同阶段则会带动相关产业类型发展，从而从多个维度驱动航空经济发展。航空枢纽驱动航空经济发展最为核心的影响要素是航空枢纽的综合能级。航空枢纽的能级越高，其辐射带动能力越强，对周边地区临空产业的集聚与质量影响也越大。航空枢纽的综合能级则受机场规模、枢纽运输能力、基地航空公司、机场服务水平、中转能力、机场陆侧集散能力、所在城市经济发展水平等几方面的要素影响。

通过对世界具有典型临空经济与临空经济区特征的 11 个枢纽机场及周边临空地区的基本情况、所属城市情况、临空产业特征、空间形态、交通条件五大层面的 20 个子项进行梳理分析，可将临空经济的发展分为三个阶段，分别为交通枢纽型阶段、产业集聚阶段以及临空都市区/空港城阶段，不同发展阶段其交通、产业、空间等呈现不同的发展特征。

第一阶段：交通枢纽型阶段

机场枢纽特征：2 条跑道，客运量 500 万 ~ 3 000 万人，货运量 50 万 ~ 200 万吨，起降架次 15 万 ~ 20 万架，航线 100 条以内（国内为主）。空港地区所处发展阶段与基地航空公司的数量关系不明显，但与航空公司的自身规模关系较大，处于此阶段的航空公司市场规模较小。[①]

临空产业特征：以机场航空运输及相关服务业、航空物流业为主，还包括围绕航空物流衍生的相关临空加工产业。

所属城市特征：通常为国家一定地域范围内的中心城市或重要城市（以中国为例，通常为省会城市）；GDP 产值多在 500 亿元以上，第三产业的比重通常达到 50%。

与区域经济的关系：机场及周边地区的功能与区域经济的结合相对较弱，对区域经济的贡献也相对较弱。

交通枢纽型阶段空间模式如图 1-2 所示。

---

① 李凌岚. 空港地区发展进程及阶段研究——以长沙黄花机场为例［J］. 工程科技，2014.

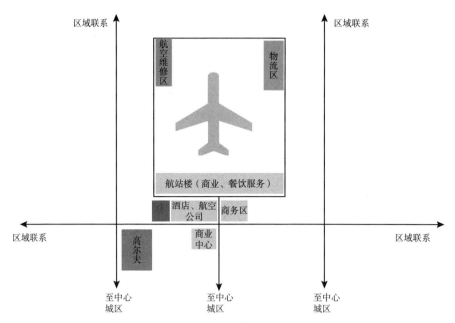

图 1 - 2 临空经济区交通枢纽型阶段空间模式

资料来源：自绘。

第二阶段：产业集聚型阶段

机场枢纽特征：2~3 条跑道，客运量 3 000 万~5 000 万人，货运量 100 万~300 万吨，起降架次 20 万~50 万架，航线 100~250 条（国内、国际协同发展），基地航空公司市场规模较大且国际化程度较高。

临空产业特征：以综合物流业、会展、飞机以及汽车零部件等制造业及高科技产业为主。

所属城市特征：通常为国家的首都城市或国家的经济中心城市；GDP 产值多在 1 000 亿元以上；第三产业的比重通常超过 50%，① 很多城市达到 70% 以上。

与区域经济的关系：临空产业已粗具规模，但并未形成自增长能力，对城市和区域经济的带动较小。对区域经济发展的影响主要体现在航空枢纽周边区域内创造就业机会和增加工业产值，而对城市和区域的集聚、辐射效应并不显著。该阶段，临空地区对城市而言更多的是索取和依赖，依

---

① 李凌岚. 空港地区发展进程及阶段研究——以长沙黄花机场为例［J］. 工程科技，2014.

靠地方政府投资和外商投资的拉动。城市对机场业务的推动在这个阶段非常明显，城市化的作用促使城市人口和企业外迁，为机场提供了丰富的客源与货源，直接推动临空地区的发展。

产业集聚阶段空间模式如图 1 - 3 所示。

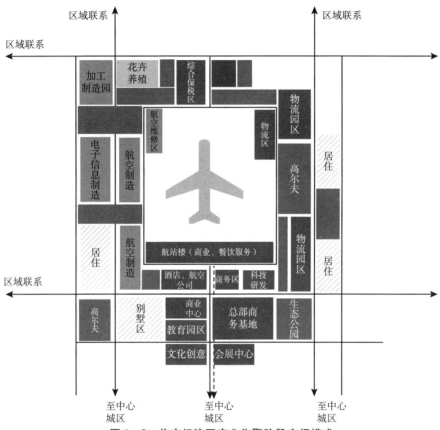

图 1 - 3　临空经济区产业集聚阶段空间模式

资料来源：自绘。

第三阶段：临空都市区空港城阶段

空港城阶段空间模式如图 1 - 4 所示。

机场枢纽特征：3 ~ 6 条跑道，客运量在 5 000 万人次以上，货运量 20 万 ~ 200 万吨，起降架次 50 万架以上，航线 150 ~ 350 条（国内、国际枢纽），基地航空公司国际市场规模大且国际化程度高。

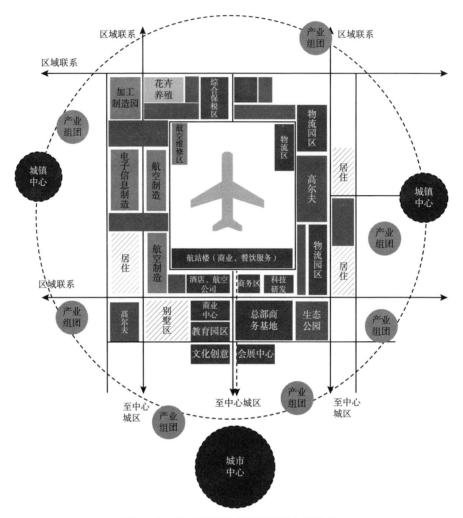

图 1 – 4 临空经济区空港城阶段空间模式

资料来源：自绘。

临空产业特征：综合物流业、商务中心、展览中心、高科技产业、信息产业、居住产业、大型购物中心、休闲娱乐业等，呈现以服务业、高新技术、信息产业为主的综合特征。[①]

所属城市特征：通常为国家的首都城市以及世界范围内一定区域的中

---

① 李凌岚. 空港地区发展进程及阶段研究——以长沙黄花机场为例 [J]. 工程科技，2014.

心城市；GDP 产值多在 1 000 亿元以上，有的甚至超过 3 000 亿元；第三产业的比重通常超过 80%。

与区域经济的关系：机场枢纽地区通过产业联系带动该地区外围其他相关产业发展，开始成为城市和区域的新增长极。该阶段，机场的影响力逐步超过城市化的影响力，临空地区内的高新技术产业、物流产业、会展产业等产业的发展将诱导城市及区域相关产业进一步发展，给城市带来更多的就业机会。临空地区产业与人口的不断聚集，引发了大量的社会活动与经济活动，此时临空地区不再仅仅是新兴的产业园区，而是承担和发挥更多职能的城市功能区，逐步发育成为新城区。当然，随着临空地区的产业层次逐渐趋于高端化和创新化，其与城市及区域内其他地区之间的分工协作趋势将越来越明显，此时临空地区也将逐步迈向更加成熟的阶段——空港城或临空都市区。

1.3.3　航空服务是航空经济升级发展的重要支撑

航空服务业是航空经济两大驱动力的重要衍生领域，同时也是每一种驱动力有效作用的重要支撑。在航空制造和航空枢纽两大核心的驱动下，围绕航空制造和航空枢纽衍生出若干服务业类型，包括制造业相关的教育、销售、培训等，枢纽相关运营服务、机场保障等，以及临空区域现代服务业等多样的服务产业类型。这些产业依托于航空制造和航空枢纽发展，航空制造和航空枢纽的发展能级提高能够促进和带动航空服务业的产业能级提高和高端服务业的发展。

在空间分布上，航空服务业与航空枢纽的关系更加密切。机场及临空区域为航空服务业提供了很好的发展空间和平台，除了航空运输服务业外，机场带来的高时效的人流和物流为服务业发展提供好了良好基础。因而，机场和临空区域内产业的发展往往与航空服务业（尤其是现代服务业）关系密切。

1.3.4　新一代信息技术促进航空经济产生新业态

新一代信息技术促进航空制造智能化定制化发展。信息技术的发展给全球制造业发展带来了巨大的发展新机遇，全球各经济体都重新制定新一代信息技术影响下的制造业发展战略，我国提出了"中国制造2025"，德国提出了"工业4.0"，美国提出了"先进制造业全球领导力战略"等，都标志着全球制造业在现代化信息技术影响下发生了巨大的变革，全球先进制造业分工也将进入新的竞争格局。航空制造业作为代表一个国家高端装备制造业的典型战略产业，进入了智能制造、全球分工合作、定制化服务、人工智能发展阶段，对航空制造总装水平、零部件生产、航空材料、航空发动机、设计、教育培训、维修检测都产生了巨大的影响。未来航空制造的智能化定制化生产将是航空制造业竞争力的重要影响因素。

新一代信息技术促进航空运输业信息化发展。物联网、不断更新的通信网络、人工智能等新兴信息技术的发展极大地促进了航空运输领域信息化的发展。航空运输飞行管理、客运信息系统、枢纽行李系统、飞机电子控制系统、现代化的航空物流及物流追踪定位管理、航空公司电子管理系统等已成为航空运输业高效高质发展的关键环节。此外，新一代信息技术的发展也推动了航空运输与旅游业、商务服务、云计算、电子信息及制造等产业的融合发展。航空电子与航空运输信息化发展已成为航空运输业竞争力的关键。

1.3.5　对成都发展航空经济的启示

从以上分析看出，一座城市如果希望发展航空经济，不是简单地从某类或某几类航空产业出发，而是要把握住驱动航空经济发展的核心动力。对于成都来讲，如果要在航空制造业上有所作为，那么就应以国家大飞机制造战略为核心，紧密围绕国家大飞机制造战略布局，保持争取国家大飞机总装项目的高度敏感性，结合成都先进装备制造业发展基础，在航电系统、飞机零部件制造、航空复合材料等方面综合发力；而如果在航空枢纽方面更见长，则更应该聚焦在临空经济区的发展，依托城市经济与航空枢纽能级的提升，构建临空经济体系，逐步形成一个以航空枢纽为中心的带动辐射区域经济发展的空港新城或临空都市区。

第2章 航空经济发展格局与发展趋势

2.1 全球航空经济的发展格局与趋势

2.1.1 航空经济高速发展，未来市场进一步扩张

从航空运输市场来看（见表 2-1），世界各国对未来全球航空运输市场发展普遍持乐观态度，根据相关机构预测，未来 20 年，全球 GDP 年均增速为 2.8%，而航空旅客周转量（RPK）年均增速为 4.4%~4.7%，仍处于较快增速区间，保持平均每 15 年翻一番的增长态势。从航空运输市场分布来看，欧洲、北美和亚太是全球最大的三大航空市场，欧美得益于较高的航空普及率，亚太地区则以人口规模取胜。从航空器市场需求来看，全球航空业继续保持较高速成长，重心正在向亚太偏转，其中中国未来对干线飞机、支线飞机等需求空间巨大。波音公司、空客公司、商飞公司对未来 20 年（2035 年）全球飞机市场的规模预测大致相近，约有 3 万~4 万架新飞机，总价值 5 万亿美元左右。其中，中国是飞机市场的需求大户，未来 20 年新购 6 000 架左右的新飞机，占全球市场规模约 20%，其中约 5 300 架均为大飞机，总价值达到 1 万亿美元；年均需要约 300 架大飞机，价值 500 亿美元左右。

表 2 - 1   2016 年世界主要航空制造商对飞机制造市场预测

航空企业	全球市场预测	中国市场预测	备注
波音公司	未来 20 年全球将需要 3.96 万架新飞机，总价值约为 5.9 万亿美元	预测未来 20 年中国将需要 6 330 架新飞机，总价值约为 9 500 亿美元，其中单通道飞机市场需求量为 4 630 架，价值 4 900 亿美元；宽体市场将需要 1 510 架新飞机，价值 4 500 亿美元；剩余 190 架为喷气支线飞机，价值 100 亿美元	根据 2016 年 7 月 11 日波音最新版《当前市场展望》预测
空客公司	未来 20 年需要新增超过 3.3 万架 100 座级以上飞机，包括 3.24 万架客机和 645 架业载 10 吨以上的货机，总价值约 5.2 万亿美元	在未来 20 年时间里，中国需新增飞机（含 100 座以上客机和业载 10 吨以上货机）5 466 架，占同期全球航空市场新机需求量（3.3 万架）的 17% 左右，其中 3 674 架为包括空客 A320 系列在内的单通道飞机；1 792 架为包括空客 A330、A350XWB 和 A380 在内的双通道飞机和超大型飞机	根据空中客车公司 2016 年 7 月 12 日发布的最新全球市场预测
商飞公司	未来 20 年预计将有 3.7 万架新机交付，价值 4.82 万亿美元，用于替代和支持机队的发展，其中，涡扇支线客机的交付量约为 4 673 架，价值超过 2 081 亿美元；单通道喷气客机交付量将达到 2.41 万架，价值达 2.25 万亿美元；双通道喷气客机交付量将达 8 232 架，总价值约 2.37 万亿美元	中国预计新增各类飞机总计 6 218 架，新机交付的市场价值将达到 8 037 亿美元，占同期全球航空市场新机需求量（37 049 架）的 16.8% 单通道喷气客机需求占比最高，大约为全球市场的 17.4%，达到了 4 195 架，双通道喷气客机的需求为 1 250 架，大约占到了全球市场的 15.2%；涡扇支线客机需求的规模约为 773 架；中国客机机队的比例将由 12% 增长到 17%	根据中国商飞公司发布《2015 - 2034 年民用飞机市场预测年报》预测

2.1.2 美欧占据航空制造主导地位，全球分工进一步固化

全球航空工业经过百余年的发展，在市场上形成高度垄断的格局，美国、欧洲、俄罗斯、加拿大、巴西等国家和地区成为重要航空制造区域。

美国拥有非常完备的制造和科研体系，在技术上处于世界领先地位，在世界航空工业企业中占据半壁江山；欧洲在大型客机、军机、直升机、发动机等领域占有较大市场份额，在世界航空工业企业中占据 1/3；俄罗斯在军机国际市场竞争力较好，但民机产品比较逊色，近年来发展缓慢。加拿大是喷气公务机和支线客机全球最大的生产国之一，巴西的支线客机也占有世界市场的半壁江山，日本是世界主要民用客机和发动机生产商的重要合作伙伴，乌克兰具有大型运输机、航空发动机的设计和生产能力。这些国家在局部技术、某些产品领域也具有一定特色和优势。①

从国际航空制造格局来看（见表 2－2），全球十大飞机制造商主要集中在欧美等发达国家，以波音公司和空客公司为代表的民用运输机企业占据了全球航空制造的绝大部分份额，发展中国家仅有巴西的巴西航空工业公司占有一席之地。同时，为应对中国商飞的快速发展，国际航空公司也在谋求新的联合，以期进一步提升竞争力，其中波音已经与巴航工业合并，以 42 亿美元获得合资公司中 80% 的股权；空客与庞巴迪签署了关于 C 系列飞机的合约，前者拥有 C 系列飞机有限合作公司 50.01% 的多数股权。从国际航空企业在中国的布局来看，空客已经在天津布局总装公司，波音已在浙江舟山布局波音 737 完工和交付中心，布局选址更加注重交通便利，特别是海运的便捷和运输能力。从全国民用航空总装布局来看，2030 年以后中国商飞才会考虑总装线（浦东基地 C919 总装和宝山基地 ARJ 总装）离开上海。

表 2－2　　　　　　　　　世界十大飞机制造公司简介

序号	公司	总部	主要机型	备注
1	波音	美国（芝加哥）	民用运输机	由四个主要的业务集团组成：波音民用飞机集团（主要生产民用运输机）、波音综合国防系统集团（主要生产军用飞机、导弹以及运载火箭等产品）、波音金融公司（提供资产融资和租赁服务）、波音联接公司（为飞机提供空中双向互联网及电视服务）

---

① 吕佳.《中国制造 2025》解读之：推动航空装备发展［DB/OL］. 中国政府网，http://www.gov.cn/zhuanti/2016－05/12/content_5072767.htm.

续表

序号	公司	总部	主要机型	备注
2	洛克希德·马丁	美国（贝塞斯达）	军用飞机	洛克希德公司是全世界在营业额上最大的国防工业承包商
3	联合航空制造公司	俄罗斯（莫斯科）	军用飞机、民用运输机	公司分为三层结构：第一层为总公司；第二层由制造战斗机、民用客机和运输机及自动飞行、无人驾驶飞机的次级控股公司组成；第三层为各个专业化工厂
4	空中客车	法国（图卢兹）	大型客机	空中客车公司是欧洲最大的军火供应制造商空中客车集团（Airbus Group）旗下企业
5	达索	法国（巴黎）	军用飞机	主要研制战斗机，经济效益较高，人均销售额居美、欧各航空企业之上
6	法国航空	法国（巴黎）	协和超音速客机	法航是法国航空 - KLM 旗下子公司，同时也是法国国营航空公司
7	庞巴迪（空客收购）	加拿大（蒙特利尔）	CRJ 系列支线客机	庞巴迪宇航（Bombardier Aerospace）是加拿大运输设备业者庞巴迪的子公司。以员工人数计，它是世界上第三大的飞机制造商（仅次于波音及空中客车），以年度付运量计，它是全球第四大商业飞机制造商（仅次于波音、空中客车及巴西航空工业）
8	巴西航空工业公司（波音收购）	巴西（圣保罗）	商用飞机、公务飞机和军用飞机	现为全球最大的 120 座级以下商用喷气飞机制造商，占世界支线飞机市场约 45% 市场份额
9	德哈维兰	英国	喷气客机	德哈维兰公司（deHavilland）是一家英国飞机、飞机发动机制造商。公司已于 1964 年合并至霍克薛利公司
10	英国宇航公司	英国	协和超音速客机	英国最大的航空制造企业，西欧最大的航空制造企业

资料来源：世界十大飞机制造公司简介［DB/OL］．冲压行业联盟，https://mp. weixin. qq. com/s/_6zxLaf1Vz1ox9xPhE97Qw.

2.1.3 跨国公司垄断继续演进，行业集中度进一步提高

在航空制造领域，世界航空工业表现出高度的行业集中度。世界上 230 个国家和地区中，约 50 个国家和地区拥有规模和形式不尽相同的航空航天工业。能够制造干线飞机的国家和地区只有美国、欧盟和俄罗斯。世界航空工业百强企业中美国有 47 家、欧洲有 31 家。当前的航空产业在整机及主系统集成层面属于典型的寡头垄断结构。大型民机领域门槛高、需求规模有限、高度集中，被美国波音公司和欧洲宇航防务集团（EADS）下属的空客公司双头垄断。在支线飞机领域，现在仅存巴西航空工业公司和加拿大庞巴迪公司。公务机领域，达信集团下属的赛斯纳飞机公司、通用动力公司下属的湾流飞机公司、雷神的比奇系列飞机部门和达索公司的"隼"高级公务机部门等形成激烈的竞争态势。[①] 通用飞机市场排名前十位的制造商占据全球总产量的 90% 以上，高端公务机市场被庞巴迪、塞斯纳、湾流等公司垄断，民用直升机市场被贝尔公司、罗宾逊公司、西科斯基公司等占领。[②]

在航空运输领域，合并重组是航空公司增强市场影响力、提升盈利能力的有效手段。美国经过大规模合并重组，美国干线客运航空公司数量降至 11 家，其中前四大航空公司的运力占到运力总份额的 80%，市场份额超过 70%，盈利能力全球第一，且远高于世界其他航空运输市场。在市场集中度方面，北美前五大航空公司是欧洲前五大航空公司的 1.8 倍，却获得了 3 倍于欧洲航空公司的利润率。[③] 欧洲的情况则有所不同，欧洲航企数量达 200 多家，明显超过美国，市场较为分散、竞争比较激烈，其中欧洲排名前 4 位的国际航空集团（IAG）、汉莎航空、法荷航以及瑞安航空所占的市场份额合计约为 56%，业内普遍认为欧洲航空运输市场还有进一步兼并重组的空间，IAG、汉莎等欧洲大型航企正在积极谋求扩张兼并。此外，中东海湾地区航空三巨头分庭抗礼的格局也有变动的迹象，由于阿

---

① 陈原. 民用航空制造业供应链协调管理研究［D］. 中南大学，2007.

② 徐恩华. 民用航空工业发展现状及趋势分析［J］. 科技视界，2020（4）：232 – 234.

③ 李海燕. 全球航空业发展中值得关注的若干问题［DB/OL］. 中国民航网，http：//caac-news. com. cn/1/88/201811/t20181115_1260738. html.

提哈德航空已开始与阿联酋航空商谈合并重组事宜，未来两家航企的合作态势值得关注，一旦阿联酋航空与阿提哈德航空真的实现合并重组，中东地区将出现一个超级巨无霸航空公司，必将对全球航空运输市场格局产生重大影响。[①] 同时，传统网络型航空公司普遍采取联盟、联营的合作方式，开辟市场空间、优化航线网络、提升综合竞争力；但近年来，股权投资日益成为大型航空公司倚重的战略发展模式。

2.1.4 亚洲市场成为热点区域，航空枢纽进一步东移

世界航空业中心东移步伐加快，这并不是由航空业自身的规律决定的，而是由世界贸易与经济发展的规律决定的，环印度洋国家与"金砖国家"将是未来世界经济与贸易发展的新中心。如表2－3所示，从过去10年旅客吞吐量排名前30位的都市区演变情况来看，增长速度较快的城市90%都处在"21世纪海上丝绸之路经济带（环印度洋）"沿线。[②] 而根据国际机场协会（ACI）的最新预测，到2040年，航空业发展最快的10个国家也基本集中在亚太地区，包括中国、印度、越南等及中东地区等环印度洋国家市场。[③] 根据空客发布的《全球市场预测（2013－2032）》，在未来20年内亚太地区的旅客周转量将以每年5.5%的速度扩张，其全球市场份额也将从2012年的29%上升至2032年的34%，并作为全球旅客周转量最大的地区与欧洲、北美进一步拉开差距。伴随全球航空市场的东移，新的超大型航空枢纽也将向亚太地区转移，特别是向中国转移。无论是客运还是货运枢纽，美国机场的入榜数目是最多的，同时也反映出美国航空第一大国的地位和分量，同时大中国区的占比日益提升，也反映出中国在世界航空市场的话语权在逐渐提升。

---

① 李海燕. 全球航空业发展中值得关注的若干问题［DB/OL］. 中国民航网，http://caac-news. com. cn/1/88/201811/t20181115_1260738. html.

② 魏君. 高速增长后的谨慎乐观——全球航空运输业发展预测与展望［J］. 大飞机，2019（3）：54－58.

③ 邹建军. 国际航空在不确定性中寻找变革之道［DB/OL］. 博丰物流，https://www. zhbfwl. com/18027/.

表 2 - 3　　　　　　　全球航空枢纽 50 强各大洲分布情况　　　　　单位：家

航空枢纽	美洲	欧洲	亚太（含中东）	中国
客运枢纽	18（其中美国 16、加拿大 1、墨西哥 1）	10（其中英国 2、德国 2、西班牙 2）	22（日本 2、印度 2）	9
货运枢纽	17（其中美国 14、巴西 1、墨西哥 1、哥伦比亚 1）	10（其中德国 3）	23（阿联酋 3、日本 3、印度 2）	8

注：中国的数据含港澳台。

资料来源：赵巍. 全球航空市场格局与客运枢纽分布特征［DB/OL］. 民航资源网，http：//news. carnoc. com/list/413/413775. html.

2.1.5　航空衍生产业繁荣发展，中国具备发展潜力

除了综合性航空大型企业外，飞机租赁、飞机维修（MRO）等第三方专业性服务企业对于连接航空上下游产业、打造完整的航空产业链、促进航空制造产业、航空运输业和金融产业高速稳健发展具有重要的意义，在航空产业链的制造和服务环节起到桥梁作用。2017～2022 年，全球民航维修总市值的复合年均增长率（CAGR）为 2.4%，2022～2027 年的CAGR 将稳步增至 5.2%。如表 2 - 4 所示，从航空维修企业区域分布看，按照总维修工时排列，前十大企业中，中国上榜企业最多，有 3 家，其次为美国和法国，各有两家。而新加坡科技宇航公司在近两年的排行榜中一直位于榜首，显示出亚太地区强大的市场需求。①

表 2 - 4　　　　　　　2015 年全球十大航空维修（MRO）企业

排名	维修公司	机体总维修工时（万工时）	第三方业务营业额（亿美元）	国家/地区
1	新加坡科技宇航公司	1 200	15	新加坡
2	港机工程	1 170	15	中国香港

① 党倩娜. 全球民用航空重点企业产业链布局分析（三）［DB/OL］. 上海情报平台，http：//www. istis. sh. cn/list/list. aspx？id = 10240.

续表

排名	维修公司	机体总维修工时（万工时）	第三方业务营业额（亿美元）	国家/地区
3	AAR 公司	490	4.6	美国
4	法荷航工程维修公司	360	38	法国
5	汉莎技术集团	300	48	德国
6	广州飞机维修工程公司	290	—	中国
7	Turkish 技术公司	290	7.45	土耳其
8	长荣航天科技股份有限公司	220	4.65	中国台湾
9	航空技术服务公司（ATS）	200	—	美国
10	Sabena 技术	200	3.97	法国

资料来源：Lee Ann Tegtmeier，2015 全球十大机体维修企业排行榜，航空维修与工程，2015 (7).

过去十年中，全球飞机租赁行业资本增长了51%，达到了 2 610 亿美元，其中有710 亿美元来自中国。如表 2 - 5 所示，从航空租赁企业的区域分布上看，美国以绝对优势领先，这主要是因为租赁行业与发达金融业密切相关。爱尔兰的航空租赁行业较为发达，已经发展成为全球最大的飞机租赁市场和航空金融中心，吸引了全球机队规模最大的前15 家飞机租赁公司中的 14 家入驻爱尔兰。爱尔兰首都都柏林已经建立了完整的航空业产业链——包括销售、旧机再售和租赁安排、融资、收购与资产管理、交易协定和执行、技术支持，债券发行，会计事务，以及爱尔兰飞机注册。爱尔兰飞机租赁行业的成功，一方面在于其 12.5% 的企业所得税税率，但更为关键的还是都柏林与 70 多个国家之间的双重征税协定网络，由于这些条约的支付，预先缴纳较少的代扣税，促使商业项目在都柏林进行交易，从而在非常大的资产上以较低的利润率获利。

表 2 - 5　　　　　　　　全球主要航空租赁企业

公司名称	总飞机数（架）	国家
GE Capital Aviation Services（通用电气金融航空服务公司）	1 570	美国
Aercap	1 300	美国
BBAM LLC	500	澳大利亚
SMBC Aviation Capital	414	爱尔兰
AWAS	300	爱尔兰
CIT Aerospace	269	美国
Aviation Capital Group	260	美国
中银航空租赁	219	新加坡
Boeing Capital Corp（波音金融公司）	212	美国
Air Lease Corporation	179	美国

　　资料来源：航空公司及各大公司网站（数据截至 2015 年 5 月），上海科学技术情报研究所收集整理。

2.1.6　航空新兴产业日渐崛起，新的竞争愈演愈烈

　　首先，无人机产业高速成长。随着世界范围内军民融合战略的实施和推进，近几年无人机技术在民用领域的应用获得长足发展。根据无人机应用领域，可分为消费级无人机和工业级无人机。消费级无人机主要应用于个人航拍，工业级无人机广泛应用于农业植保、国土勘测、安防和电力巡检等领域。如果将无人机产业比作一个哑铃，哑铃一头是市场份额相对稳定的军用无人机，另一头是过去几年发展势头迅猛的消费级无人机，中间则是应用广泛的工业级无人机。[①] 全球军用无人机领先企业大多分布在欧美国家，世界军用无人机技术最为先进的是美国、以色列和欧洲。我国民用无人机领域产生了如大疆等全球知名企业，大疆公司占有全球70%的民用无人机市场份额。据不完全统计，我国未来整个无人机市场的规模将超

---

　　① 顾强. 工业级无人机的"川派江湖"［N］. 四川日报，2018 - 4 - 17.

过千亿元。

其次，通用飞机市场迅速壮大。全球范围来看，发达国家通用航空发展已经非常成熟。根据 GAMA 最新统计数据，2016 年全球通用航空飞机存量超过 36.5 万架，过去十年间通用航空飞机的年均销货量为 2 803.4 架，年均产出值 214.69 亿美元。全球通用飞机市场主要集中在美国、加拿大、法国、德国等国家，其通用航空器存量合计约为 31.4 万架，占全球比例高达 86.7%。此外加拿大、巴西和澳大利亚的通用航空发展也较为领先，而我国受制于空域管制的影响，通用航空器需求被限制，消费力不足，2016 年拥有的通用航空器数量仅为 2 096 架。[①]

最后，世界航空制造技术变革为新兴国家发展航空经济带来机遇。如表 2-6 所示，近年来，航空制造业产业结构在技术和市场的作用下也在发生巨大变化，主要体现在五个方面。一是增材制造和陶瓷基复合材料技术颠覆现有发动机概念，如今，增材制造已经进入发动机核心部件生产环节，陶瓷基复合材料（CMC）发动机应用取得重要突破。二是非热压罐工艺进入热固性复合材料主承力结构制造领域，这将使复合材料结构件设计、制造流程以及原材料和制造装备供应链中发生新的变革。三是智能制造在飞机大部件装配领域的广泛应用将改变航空制造的竞争格局。四是新型材料彻底改变金属结构制造体系，彻底颠覆当前航空产品设计及制造工艺。五是航空制造业基础供应链体系将发生巨变，很有可能是航空基础材料及制件供应链的寡头垄断程度反超金字塔顶端的主承包商，甚至对未来产品研制的话语权产生重要影响。[②] 这些新的技术变革将有可能在 10 年左右汇集成整体的技术迭代，从而打破传统航空制造企业的技术垄断和市场垄断，为新兴国家航空经济提供了发挥后发优势的机遇。

---

① 陆澜清. 2017 年全球通用航空行业市场规模与区域分布情况 [DB/OL]. 前瞻经济学人，https：//www. qianzhan. com/analyst/detail/220/171106 - b8780061. html.

② 刘丽丽. 2016 年航空制造领域即将迎来哪些变革 [DB/OL]. 中国经济网，http：//www. ce. cn/aero/201606/02/t20160602_12445388. shtml.

表 2 - 6　　　　　　　　　　　航空制造领域重点技术变革汇总

技术	应用领域	应用案例
增材制造和陶瓷基复合材料技术	发动机核心部件生产环节	➤　GE 航空 GE90 - 94B 发动机高压压气机采用增材制造的 T25 传感器通过美国联邦航空局（FAA）适航认证，成为首台采用增材制造部件的现役发动机 ➤　普惠公司表示将在业界首次采用增材制造技术来生产发动机的压气机静子和同步环支架 ➤　GE 航空通过 F414 发动机低压涡轮叶片成功试验了世界上首个非静子组件的轻质、耐高温 CMC 部件，展示了极强的耐高温和耐久性能力
非热压罐替代	引发复合材料制造体系变革	➤　美国 NASA 对未来翼身混合体飞机概念的非圆柱形复合材料压力舱验证件进行试验，该验证件由波音的非热压罐工艺建造 ➤　俄罗斯航空复合材料公司交付了 MS - 21 干线客机第一套非热压罐工艺制造的复合材料中央翼盒，该机机翼蒙皮也由非热压罐制造
智能制造	在飞机大部件装配领域崭露头角	➤　未来几年，飞机装配领域将率先实现智能技术的大规模应用，并延伸至其他制造以设计领域，届时，航空制造业将越来越"趋于前端"，越来越"运筹帷幄"，航空工业的博弈将从"赛博空间"开始就能够分出胜负
新型材料	彻底改变金属结构制造体系	➤　在未来几年，基础研究的突破、集成计算材料工程（ICME）的进展将使得这样的新材料不断涌现，如果技术和制造成熟度的提升使其能够实现产品应用，将彻底颠覆当前航空产品设计及制造工艺
基础供应链体系变革	收购与合并加速进行	➤　美国铝业公司在不到 9 个月的时间内完成对英国福瑞盛、德国 TITAL、美国 RTI 国际金属公司的收购，加速对航空钛合金以及增材制造的市场布局。 ➤　范围更广的整合、层次更深的重组将会成为航空制造产业格局转变的重要里程碑，其结果很有可能是航空基础材料及制件供应链的寡头垄断程度反超"金字塔"顶端的主承包商，甚至对未来产品研制的话语权产生重要影响

资料来源：参考《航空制造业即将来临的五大变革》整理所得。

2.1.7 航空经济外溢效应更加突出，航空大都市渐成主流

全球化和城市化完成了地方耦合的过程，而跨国公司和地方政府基于供需关系完成了战略耦合的过程。航空大都市提供了上述两种耦合的空间场所，成为空间耦合的载体。① 围绕机场周边的土地开发，机场发展与城市功能相结合，工业、商业、物流业、高端服务业，以及居住区逐渐聚集和完善，使机场对区域经济的发展承担了重要的功能，对城市人口的地理分布、产业发展和布局都会产生重要影响。在航空大都市时代，最具竞争力的企业与城市是那些将其产品与居民更快更有效率地连接到全球市场的企业与城市。从产业上看，航空大都市的支柱产业是与机场和航空运输密切相关的产业，如航空物流业、航空保税产业、高新技术产业及其配套零部件产业、出口加工业、商务和旅游业等。从发展模式上看，航空大都市主要是通过大力发展航空业，带动机场周边区域开发和产业聚集，从而提升城市区域的竞争地位。②

2.2 我国航空经济的发展格局与趋势

2.2.1 大飞机制造呈军民两型格局，上海成为核心区域

如表 2-7 所示，我国在研民用大飞机主要是 C919 和 CR929 机型，军用运输机为运-20 机型。其中 C919 为国产中程干线客机，于 2008 年 11 月立项，2015 年 11 月 2 日，经过 7 年研发的 C919 大型客机首架机正式下线。C919 首飞，预示着国际航空市场"ABC"（A320、Boeing737、C919）的竞争格局将慢慢开启。CR929 由中国商用飞机有限责任公司（COMAC）和俄罗斯联合航空制造集团公司（UAC）联合开发，载客量预计为 250 ~ 280 名乘客，航程可达 12 000 公里，其竞争机型为波音 787 或空客 330、

---

① 张凡，宁越敏. 全球生产网络、航空网络与地方复合镶嵌的战略耦合机理 [J]. 南京社会科学，2019（6）：50-58.

② 唐琼. 航空大都市发展及其启示 [J]. 时代金融，2015（23）：301-302.

空客350。运 – 20 是由中航工业第一飞机设计研究院设计、西安飞机工业集团为主制造联合研制，其在技术方面具备后发优势，无论机体设计技术、载重技术以及飞行控制技术方面，都位于第一梯队。以上在研机型取得的不同阶段成绩，标志着中国大飞机设计制造能力取得突破性进展。

表 2 – 7 当前我国大飞机主要机型情况

机型	制造商	主要特点
C919	中国商飞	C919 大型客机是我国按照国际民航规章自行研制、具有自主知识产权的大型喷气式民用飞机，座级 158 – 168 座，航程 4 075 ~ 5 555 公里，于 2017 年 5 月 5 日成功首飞，截至 2018 年 2 月 26 日累计获 28 家客户 815 架订单，2021 年交付首架 C919 单通道客机
CR929	中国商飞与俄罗斯联合航空制造集团公司	CR929 项目是中俄联合在研的远程宽体客机，采用双通道客舱布局，以中国和俄罗斯及独联体市场为切入点，同时广泛满足全球国际以及区域间航空客运市场需求 基本型命名为 CR929 – 600，航程为 12 000 公里，座级 280 座；此外还有缩短型和加长型，分别命名为 CR929 – 500 和 CR929 – 700 根据研制经验，从项目启动到实现首飞，预计需要 7 年左右时间，到实现产品交付预计需要 10 年左右时间
运 – 20	中航工业第一飞机设计研究院设计、西安飞机工业集团为主制造	2013 年 1 月 26 日首飞成功

资料来源：C919 飞机［DB/OL］. 中国商飞公司门户网站，http：//www. comac. cc/cpyzr；科罗廖夫. 换装国产发动机以后，运 – 20 战略运输机能彻底超越俄国伊尔 76 吗［DB/OL］. 科罗廖夫的军事客厅，https：//user. guancha. cn/main/content？id = 127720.

C919 制造方面，上海推动实施"主制造商—供应商"联动发展模式，中国商飞作为大飞机主制造商，定位于设计集成、管理体系、总装制造、市场营销等方面，而发动机、机载设备、材料等部件全部都将外包。"主制造商—供应商"联动发展模式将最大限度聚集和利用国内外资源，打造民机产业"生命共同体"。如表 2 – 8 所示，C919 的研发有 22 个省、200 多家企业、36 所高校、数十万产业人员参与其中。中航工业集团旗下的哈飞、陕飞、西飞、沈飞和成飞，已经并肩成为"大飞机"的五大主要供应商，为国产大飞机进行零部件制造。① 中航工业凯天电子、中电科航空电子公司、中航工业成飞民机 3 家成都企业参与 C919 研发制造。

表 2 - 8 　　　　　　　C919 主要系统以及大件的研制生产单位

主要系统及大件	子系统	国内研制生产单位	国外合作单位
航电系统	核心处理系统、显示系统、机载维护和飞行记录系统	中航工业航空电子	美国 GE
	综合监视系统	中航工业雷达与电子设备研究	美国柯林斯公司
	大气数据和惯性基准系统	中航工业凯天电子	美国霍尼韦尔公司
	通信与导航系统	中电科航空电子公司	美国柯林斯公司
	客舱核心系统、客舱娱乐系统	中航工业测控所中电科航空电子公司	美国柯林斯公司法国泰雷兹集团
飞控系统	主飞控作动器	中航工业自控所	美国派克公司
	主飞控电子	中航工业自控所	美国霍尼韦尔公司
	高升力系统	中航工业庆安集团	美国穆格公司
空气管理系统	环控系统	中航工业金城集团	德国利勃海尔公司
	结冰探测与风挡除雨系统	中航工业武汉航空仪表公司	美国古德里奇公司
	内部照明系统	中航工业武汉航空仪表公司	美国古德里奇公司
机身	机头	中航工业成飞民机	
	前机身	中航工业洪都	
	中机身 - 中央翼	中航工业西飞中国商飞	
	中后身机	中航工业洪都	
	后机身 - 前段	中航工业沈飞民机	

---

① 陈姗姗. 大飞机：中国制造升级路线图 [DB/OL]. MBA 中国，https：//www. mbachina. com/html/management/201005/12233. html.

续表

主要系统及大件	子系统	国内研制生产单位	国外合作单位
机身	后机身 - 尾锥	中航工业沈飞民机 航天特种材料及工艺研究所	
	发动机吊挂	中航工业沈飞民机	
	外翼翼盒	中航工业西飞	
	副翼	中航工业西飞 航天特种材料及工艺研究所	
	后缘缝翼	中航工业西飞 中航工业昌飞	
	前缘缝翼	中航工业西飞 中航工业昌飞	
	扰流板	中航工业西飞 航天特种材料及工艺研究所	
	翼身整流罩	中航工业哈飞	
	起落架舱门	中航工业哈飞	
	APU 舱门	中航工业沈飞民机 西子联合控股有限公司	
	雷达罩	中航工业特种所	
	垂直尾翼	中航工业沈飞民机 中航工业哈飞	
其他	起落架系统	中航工业飞机起落架公司	德国利勃海尔公司
	电源系统	中航工业电源	美国汉胜公司
	液压系统、燃油及雾化系统	中航工业金城集团	美国派克公司
	辅助动力装置	中航工业东安发动机	美国霍尼韦尔公司
	内饰系统	FACC（中国）公司	奥地利 FACC（中航收购）
	发动机	商发（2020 年后换装）	美国 GE
	机轮、轮胎及刹车系统	中航西安刹车系统有限公司 长沙鑫航机轮刹车有限公司	美国霍尼韦尔公司

资料来源：国产大飞机 C919 首次动态展示，全球订单已超 1 000 架，背后有这些厂商［DB/OL］. 东兴证券，https：//baijiahao. baidu. com/s? id = 1681755994685297367&wfr = spider&for = pc.

从中国商飞资质供应商情况来看（见表2-9），中国商飞一类供应商共有40家，国内供应商21家，其中四川有中航成飞、四川九洲、中电科航空电子3家，供应商数量相对较多，但低于同处西部地区的陕西。二类供应商共有25家，国内供应商11家，成都仅有成都凯天1家。三类供应商共有56家，国内供应商20家，成都仅二重万航1家。

表2-9 中国商飞各级供应商数量及名单

供应商级别	供应商数量	国内供应商数量	国内供应商省份和名称
一类供应商	40家	21家	北京：航天特种材料及工艺技术研究所、昂际航电、中航飞机股份有限公司 上海：上海航空测控技术研究所、上海航空电器 四川：中航成飞、四川九洲、中电科航空电子 陕西：陕西航空电气、陕西航空电气、中航西安飞行自动控制研究所、西安鸿翔飞控 江苏：航空工业南京机电、航天海鹰 江西：江西昌河、江西洪都 其他：中航光电、中航济南特种结构研究所、中航沈飞、中航哈飞、浙江西子
二类供应商	25家	11家	北京：北京航空材料研究院、北京飞航吉达 江苏：苏州华瑞腾、泰兴市银鹰、苏州鹭翔 湖北：湖北航宇嘉泰、武汉航达 湖南：中航飞机起落架 浙江：宁波沥高复合材料 四川：成都凯天 陕西：西北橡胶塑料研究设计院
三类供应商	56家	20家	上海：宝武钢特钢、冠一航空、特一新材、上海亿威 陕西：陕西宏远、宝鸡钛业 江苏：苏州美德、耐炜金属 贵州：贵州航天精工、贵州安大 四川：二重万航 其他：抚顺特钢、荣钢材料、河南航天精工、天津美隆、东方蓝天钛金、西南铝业、傲创电子、厦门飞鹏、大连长之琳

资料来源：根据中国商飞公司门户网站供应商名录整理。

2.2.2 航空枢纽驱动的临空经济区已成为区域经济发展重点

机场一直都是我国各个地方政府基础设施建设争取的焦点。中国机场建设平均周期为 2 ~ 3 年，2006 年柏林勃兰登堡机场奠基时，中国在使用中的还只有 140 座机场。全国机场生产公报显示，截至 2016 年底，中国投入运营的运输机场总数达 216 个，这还远不能满足全国的需要。2017 年 3 月中旬印发的《全国民用运输机场布局规划》（下称规划）提出的目标显示，到 2020 年计划使中国的运输机场数量达到 260 个左右；到 2025 年，在现有（含在建）机场基础上，新增布局机场 136 个，全国民用运输机场规划布局 370 个（规划建成约 320 个）。在机场数量增加之外，"规划"还对机场的分布和功能定位做出了详细规划，提出到 2025 年将建成京津冀、长三角、珠三角 3 大世界级机场群、10 个国际枢纽、29 个区域枢纽。

临空经济区和空港城成为国家与区域经济发展重点。至 2018 年 6 月底，经国务院、国家发改委与民航局批复的国家级临空经济示范区已达到 11 个（见表 2 - 10），全国范围内围绕枢纽机场建设和规划航空城/临空经济/空港经济区的城市已有 63 个。可以看出，不管是从国家还是地方城市的发展来看，都将临空经济作为推动经济发展的重点。

表 2 - 10　　　　　　　　国家已批复的国家级临空经济示范区

序号	国家级临空经济区	批复
1	郑州航空港经济综合试验区	2013 年 3 月国务院批复
2	青岛胶东临空经济示范区	2016 年 10 月国家发改委与民航局批复
3	重庆临空经济区	2016 年 10 月国家发改委与民航局批复
4	北京新机场临空经济区	2016 年 10 月国家发改委与民航局批复
5	上海虹桥临空经济示范区	2017 年 1 月国家发改委与民航局批复
6	广州临空经济示范区	2017 年 1 月国家发改委与民航局批复
7	成都国家级临空经济示范区	2017 年 3 月国家发改委与民航局批复
8	杭州临空经济区	2017 年 5 月国家发改委与民航局批复
9	贵阳临空经济区	2017 年 5 月国家发改委与民航局批复
10	西安临空经济示范区	2018 年 4 月国家发改委与民航局批复
11	宁波临空经济示范区	2018 年 5 月国家发改委与民航局批复

2.2.3 运输业持续高速成长，寡头竞争格局出现

我国航空运输正处在高速发展的黄金时期，并会在未来二三十年内保持较高增长水平，航空运输不仅是经济发展的强大动力，同时也是现阶段经济快速增长、国际地区间贸易需求增多、人民生活质量提升的重要标志和必然结果。[①] 无论是常规客货运输，还是通用机作业以及公务机市场，中国都处于快速成长阶段。《2017 年民航行业发展统计公报》显示，2017年，全行业完成运输总周转量 1 083.08 亿吨公里，比上年增长 12.6%。如图 2-1 所示，过去 5 年，全行业运输总周转量年均增长 12.2%。

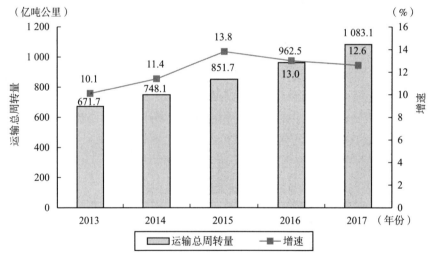

图 2-1　2013～2017 年民航运输总周转量

资料来源：根据中国民用航空局官网历年统计公报整理。

2017 年，全行业完成旅客周转量 9 513.04 亿人公里，比上年增长13.5%。国内航线完成旅客周转量 7 036.53 亿人公里，比上年增长13.2%，其中港澳台航线完成 148.25 亿人公里，比上年增长 2.9%；国际航线完成旅客周转量 2 476.51 亿人公里，比上年增长 14.6%，增速高于

---

① 李航，孙薇. 我国航空运输未来发展趋势分析 [J]. 经济研究导刊, 2013 (11)：65-67.

国内航线。如图 2 - 2 所示，2013 ～ 2017 年，中国航空市场全行业旅客周
转量年均增长 13.6%。①

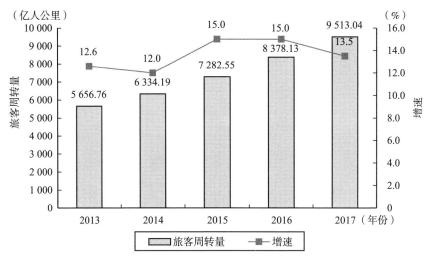

图 2 - 2　2013 ～ 2017 年民航旅客周转量

资料来源：根据中国民用航空局官网历年统计公报整理。

　　2017 年全球机场旅客吞吐量前 50 排名中，我国境内民用航空机场
（不含香港、澳门和台湾地区）上榜的有 8 个，其中成都双流机场排名全
球第 26 位，成都到北京的航线被评为全球最繁忙的 20 条航线之一（第 11
位）。IATA 预测显示，亚太地区是推动航空需求增长的最大动力，未来
20 年，超半数的新增旅客将来自亚太地区。预计 2024 年，中国将会取代
美国成为全球最大的航空市场。② 从旅客结构变化来看，我国因私旅客占
比逐年上升，行业从高端向大众消费过渡。从人均乘机次数来看，截至
2016 年我国人均乘机次数仍不足 0.4，民航渗透率远低于美国（2.7）、英
国（2.1）和日本（0.9），行业存在明显的上升空间。③

————————

　　① 民航局. 2017 年民航行业发展统计公报［R］. 民航局网站，http：//www.gov.cn/xinwen/
2018 - 05/22/content_5292710.htm.

　　② 史影. 国际航协：推动航企实时结算，旅客"一证通关"［DB/OL］. 中国民航网，
http：//www.caacnews.com.cn/1/88/201611/t20161123_1205594.html.

　　③ 航空行业概况及现状［DB/OL］. 中国报告大厅，http：//m.chinabgao.com/k/hangkong/
43460.html.

市场规模快速成长过程中，行业集中度进一步提升。截至 2017 年底，我国共有运输航空公司 58 家，比上年底净减 1 家。按不同所有制类别划分：国有控股公司 43 家，民营和民营控股公司 15 家；全部运输航空公司中，全货运航空公司 8 家，中外合资航空公司 10 家，上市公司 7 家。[①] 从图 2-3 可以看出，中航、东航、南航及海航四大航企 2017 年占全部市场份额的 86.9%（该比例 2016 年 87.8%），其余 54 家航空公司总份额仅为 13.1%。

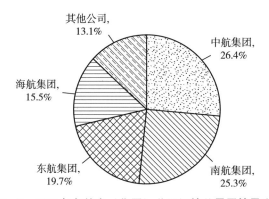

图 2-3 2017 年各航空（集团）公司运输总量周转量比重

资料来源：中国民用航空.2019 年民航行业发展统计公报［R］.民航局，https：// cn. bing. com/search？q = 2017.

2.2.4 通用航空市场快速增长，"过剩"趋势初步显现

我国通用航空制造业起步于 20 世纪 50 年代，经过 50 多年尤其是近几年的快速发展，已经开始融入全球价值链当中。"十一五"以来，我国通用航空进入持续发展期，尤其是进入 21 世纪以来，一直保持较快增长速度。2010 年 11 月 14 日，我国颁布了《关于深化我国低空空域管理改革的意见》，对深化我国低空空域管理改革做出部署，标志着我国空域划分

---

① 中商产业研究院.2018 年中国民用飞机行业市场现状及发展前景研究报告［R］.前沿报告库，https：//wk. askci. com/book/20181113/97fa6e1a8ed24af18cdc02a3679e75d4. shtml.

和低空空域管制制度性变革正式开启。① 依托航空产业积淀和区位优势，国内多个地方掀起了发展通用航空产业的热潮。截至 2017 年，全国已有超过 150 个县级以上城市在建或计划建设通用航空产业园。中国通用航空器类型如图 2－4 所示。

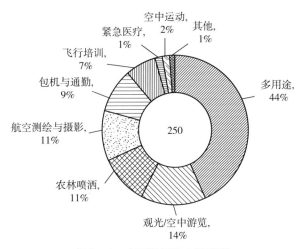

图 2－4　中国通用航空器类型

资料来源：《2017 中国通用航空报告》。

　　但尤其要注意的是，我国已建通用航空产业园中超过 70％园区规划的核心产业为通用航空器制造，且大都提出了包括制造、运营、机场在内的"全产业链"的发展战略。然而，从发展现实来看，通用航空器和企业数量增长高于飞行时间增长，表明有大量的通用航空器不能投入运营。正准备加速起飞的中国通航产业已遇到一定程度的"产能过剩"。就客观需求而言，2018 年前后，我国每年飞机市场需求量 200～300 架，未来需求量年 1 000 架左右将是通用航空器市场的最高点，而全世界一年的需求量也不过 3 000 架，而且飞机是订单生产，难以直接以规模取胜。因此，从供需角度分析，如果每个企业能够售出 100 架，全国仅需 10 家；如果售出 50 架，全国市场也仅能容纳 20 家造飞企业。现实的规

①　王嵩. 通航产业大发展，正定首家直升机起降点落成［DB/OL］. 河北新闻网，http：//jt. hebnews. cn/2018－12/25/content_7156591. htm.

划却是，未来将有上百家飞机制造企业角逐这个 1 000 架飞机的市场。①
园区发展的实际也进一步佐证了上述观点，地方规划的通航产业园，
真正吸引通航厂商入驻的并不多，而且发展效益并不如预期。以西安
阎良为例，作为国内发展最早的通航产业园，经过多年发展，到 2018
年也仅几十亿元的规模。因此，对于通用航空制造的现实而言，未来
的竞争将会十分激烈，也将会有一大批的通航园区倒闭或者转型发
展。对于成都而言，面临通航产业新的挑战，在通航制造领域更要进
一步认清现实、摸准需求，找到符合市场规律、发展趋势和发展节奏
的切入点。

2.2.5 航空服务业推动航空经济多元发展

随着中国航空市场的不断扩大，相关航空服务业发展迅速。包括航空
租赁、航空教育、培训、航空维修、改装等市场不断扩大，航空产业链不
断延伸。

中国通过自己投资和全球并购，高水准切入全球航空租赁市场。根据
国外航空研究机构 Flight Global 的数据，随着中国民航业的发展，中国的
资本不断涌入飞机租赁行业，市场份额从 2008 年的 5% 已经提高到现在的
28% 左右，预计这个数字到 2022 年将进一步提升到 35%。国际航空运输
协会（IATA）10 月底发布消息，中国或将于 2022 年取代美国成为世界上
第一大航空市场，比去年预测的还要提前两年。根据工银租赁提供的数
据，十年前，中国的航空租赁公司只占据了中国 430 架租赁飞机中的 22
架。2018 年 1 月，中国的租赁公司拥有 583 架飞机，而中国市场租赁飞
机的总数量则为 1 235 架，占比已经达到近一半。中国银行背书的中银
租赁的机队规模（自有以及投入运营）达到 268 架，工商银行成立的工
银租赁的机队也超过 320 架，国银租赁也达到约 200 架。海航收购的
Avolon 旗下的飞机数量更是高达 562 架，而 Avolon 完成了对美国 CIT 飞

---

① UN652. 全国 150 个城市申建航空产业园，七成拟造飞机［N］. 中国经营报，2015 – 10 –
31.

机租赁部门的收购。① 根据波音公司发布的报告，2017 年飞机融资中银行贷款部分预计有 31% 来自中国，而紧随其后的德国、日本、法国分别占 15% 、12% 、8% 。

民航维修市场将随着全球机队数量的增长和机队组成情况的变化而变化。预计全球民航维修总市值到 2022 年将增至 849 亿美元，到 2027 年增至 1 092 亿美元。中国未来十年的维修支出年均增长率将高达 10.1% ，维修市场规模将增加 160% 以上，成为全球维修支出净增长幅度最大的地区。② 中国将成为推动亚洲地区维修支出增长的主要驱动力，除了亚太地区和中国自身的维修需求不断增多，全球近 30% 的宽体飞机的机体重维修工作也在中国地区完成。表 2 - 11 和图 2 - 5 分别是2012 ~ 2016 年中国航空航天器修理行业分析和 2010 ~ 2016 年中国航空器维修市场状况。

表 2 - 11　　　　　　　2012 ~ 2016 年中国航空航天器修理行业分析

年份	企业单位数（个）	资产总计（万元）	销售收入（万元）	利润总额（万元）	工业总产值（万元）
2012	41	2 280 236.3	2 723 685.2	96 631.1	2 781 557.3
2013	51	3 362 574.0	3 422 939.3	162 669.7	3 459 716.1
2014	45	2 889 755.1	3 234 183.0	141 317.6	3 254 004.6
2015	42	3 105 326.7	3 376 727.3	184 379.8	3 393 806.5
2016	44	4 311 304.2	3 953 194.7	248 542.3	3 966 069.9

资料来源：根据国家统计局数据整理。

① 罗松松. 中国资本大量涌入飞机租赁行业，市场有待整合 ［DB/OL］. 界面新闻，ht-tps：//www.jiemian.com/article/1725861.html.

② 李璇. 2017 年全球机队及 MRO 市场预测 ［J］. 航空维修与工程，2017（5）：26 - 30.

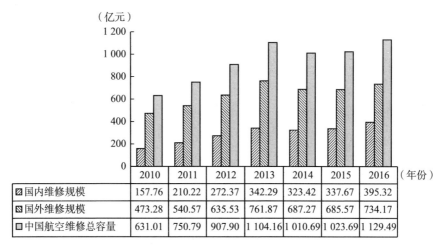

（亿元）	2010	2011	2012	2013	2014	2015	2016
国内维修规模	157.76	210.22	272.37	342.29	323.42	337.67	395.32
国外维修规模	473.28	540.57	635.53	761.87	687.27	685.57	734.17
中国航空维修总容量	631.01	750.79	907.90	1 104.16	1 010.69	1 023.69	1 129.49

图 2 - 5　2010～2016 年中国航空器维修市场状况

资料来源：根据国家统计局数据整理。

随着航空市场的扩大，航空教育和培训市场快速成长。从全球范围内来看，到 2035 年，行业需要 61.7 万个飞行员才能满足飞行员数量增长的需求。根据亚翔航空的预测，中国的飞行员需求占全球飞行员需求总量的 16%，约为 9 万人。到 2035 年，中国市场将有 6 810 架新飞机交付。按照一架飞机需要 12 个飞行员计算，届时民航飞机的飞行员需求量为 81 720 个；同时考虑到有 8 142 个飞行员将在 2035 年或以前退休，飞行员的总需求将达 89 862 个。除了民航业，通用航空领域增长也十分快速，对航空领域人才要求同样巨大。

2.2.6　高度重视国际合作，军民融合发展加快

航空经济全球大整合是发展大趋势，更是现实。我国航空工业以"一五"期间苏联援建的 13 个航空项目为产业基础，以仿制生产军用飞机为起点，之后通过改进开发，再到自主创新的发展历程。[①] 截至 2017 年，有 14 家重要的飞机制造公司，包括沈阳飞机制造公司、成都飞机制造公司、

① 陈刚，王天一. 中国航空工业的整合：大飞机和一二航的合并 ［DB/OL］. 东方证券，http://www.p5w.net/stock/lzft/hyyj.

西安飞机制造公司、陕西飞机制造公司、南昌（洪都）飞机制造公司、哈尔滨飞机制造公司、上海飞机制造有限公司、石家庄飞机制造公司、贵州云马飞机制造厂、双阳飞机制造厂、常州飞机制造厂、空中客车（天津）总装有限公司、昌河飞机工业（集团）有限责任公司、中国商飞公司。

中国航空工业发展之初就高度重视国际合作，一方面是资本和技术的引进，另一方面则是资本的全球化。中国已成为波音和空客全球重要的零部件供应商，并且天津基地还是空客在欧洲之外唯一的总装基地。新时期，中国立足自主知识产权的 C919 大飞机也是一个国际合作的典范，在择优选择 16 家跨国公司作为大型客机机载系统供应商的同时，推动国际供应商与国内企业开展合作，组建了航电、飞控、电源、燃油和起落架等机载系统的 16 家合资企业。[①] 此外，中国还积极推进与俄罗斯合作，发展CR929 宽体客机，与乌克兰有关方面展开合作生产大型运输机，引进捷克等国家的技术，合作生产通用飞机，中国航空制造业全方位融入国际市场。

军民融合发展一直是我国航空工业发展的重要路径，也是世界航空工业发展的普遍路径。波音的成功与它的高速成长期恰巧遇到了战争密切相关。俄罗斯军民两用技术已经达到全部军用产业的70%。在中国高速发展民用航空、推动中国从航空大国走向航空强国的过程中，推进军用航空技术服务于中国大飞机及全球航空工业一直都是中国航空产业发展的重要技术路径和市场路径。近年来，民用飞机市场和军用飞机市场都高速成长，军民融合发展进一步提速。

2.3　国内航空经济发展的重点城市

2.3.1　航空经济全国总体布局

1. 航空制造业全国布局

航空装备制造业以航空整机的研制、生产为核心，包括机身部件、动

---

① 白宇 . 中国商飞：支撑强国之翼［N］. 经济参考报，2017 – 10 – 23.

力设备、航电设备等零部件及配套的生产，涉及面广，产业带动效应强，可带动包括机械制造、仪器仪表、电子信息等在内的多种关联产业，平均带动效应达1∶10，对于提升中国装备制造业发展水平、提高工业经济附加值、增强民族自主创新能力有重要的推动作用，[①] 是集制造业大成的国家战略产业。随着国内航空运输需求的快速扩张以及低空空域开放政策的持续深入推进，航空装备制造业得到了社会各界的高度重视。从大型运输机运－20交付列装，到C919大型客机和AG600成功首飞，我国航空装备制造业快速成长。

经过多年的发展，我国航空制造业粗具规模，在全国16个省市有了较大规模的发展，集群化分布现象初显，基本形成以长三角、陕西、四川为核心，以珠三角、东北地区为两翼，以北京、天津等研发、制造为支撑的航空产业格局，[②] 国内航空装备制造业发展及布局状况以及航空整机制造业分布具体情况如表2－12和表2－13所示。2009年以来，在国家工信部、发改委和科技部等有关部委以及各级地方政府的大力推动下，全国掀起发展航空装备制造业的热潮。其中，上海预计到2035年实现航空制造业总产值3 000亿元，建设成为具有全球影响力的航空制造产业集群。

表2－12　　　　　　　　国内航空装备制造业发展及布局状况

地区	特点	具体情况
北京	国内航空装备制造业人才与科技资源最为集中的地区	拥有众多高校、科研院所，基本形成以知春路、中关村为核心的北部研发制造基地，以大兴军民结合产业基地为重点的南部高端制造集聚区和以顺义航空航天产业园为载体的航空应用集聚，使北京成为国内航空制造业的研发和成果转化中心
天津	A320总装项目的带动下形成航空制造和配套企业的聚集	拥有空客A320总装、中航工业直升机基地、美国古德里奇飞机短舱、法国左迪雅戈航空设备维修、泰雷兹雷达组装、加拿大FTG航空仪表盘、德国汉莎航空货栈和海航租赁控股、大新华物流等一批世界一流航空项目

---

① 2016－2017年赛迪顾问－中国航空装备制造业布局与发展战略 ［DB/OL］. 豆丁网，https：//www. docin. com/p－1630427973. html？docfrom＝rrela.

② 2020通用航空装备行业现状及发展前景趋势分析研究报告 ［DB/OL］. 中研网财经，https：//m. chinairn. com/finance/News/2020/08/14/172304765. html.

地区	特点	具体情况
河北	石家庄、承德等地	依托中航工业原有布局，积极发展通用航空产业，通过引进合作，开展轻型飞机、直升机的生产制造
辽宁	以沈阳航高基地以及沈阳通航园为核心	以航空器组装制造、零部件制造为重点，以飞机维修、航空物流与保税、通用航空运营为支撑，发展航空产业
上海	中国重要的工业基地与智力、资本汇集地，以中国商用飞机为核心	依托 615 所、633 所、118 厂，发挥新支线客机和 C919 大型客机主制造商的主导作用，集中了中国航发商用航空发动机公司、航空电子有限责任公司等一批关键配套企业，初步形成了民用飞机研发设计、航空电子、总装制造、试验测试、营销服务较完整的产业链条
江苏	主要布局在南京和镇江	南京拥有雄厚的航空制造业研发和生产能力，吸引了轻型飞机制造、直升机制造、空中轿车公务飞机制造以及航空发动机维修服务等项目聚集；镇江以 C919 配套作为契机，发展航空制造配套产业，已聚集涉及 C919 客舱内饰系统、机身复合材料、铝材、灯具、座椅等各方面辅助装备的 FACC、航天三院、爱励国际、鼎胜铝业、捷科彤明、美国古德里奇公司等国内外企业
浙江	国内私人飞机购买最为活跃的地区，依托丰富的民间资金和活跃的民营机制	重点发展民用轻型飞机、飞机零部件及附属专用设备、航空电子仪器设备、机场专用设备、机上易耗品等产品，同时通用航空运营市场较为繁荣
珠海	依托珠海航空产业园发展	打造集飞机制造、发动机和机载配套一体化发展的航空制造产业链，形成展览、维修、培训、保障服务等服务业配套发展的华南航空产业集聚区，聚集了中航通飞、美国西锐 FBO、民航校飞中心南方基地、广东西工精密机械、青岛黎明云麓、亚飞希科通用航空产业基地、广州天海翔无人机等一批航空相关企业
广州	分布在广州空港经济区	重点发展航空材料、航空相关装备制造、精密机械加工等，同时依托南航总部，积极发展航空运营服务业
深圳	依托高新技术产业优势及完善的产业配套环境，发展航空电子制造业与零部件制造	拥有深圳凯卓液压公司、深圳三叶精密制造公司、深艾特航模公司等航空零部件配套研发、生产企业；大疆无人机是全球消费级无人机的龙头

续表

地区	特点	具体情况
湖南	主要集中在长株潭地区，以中小型发动机、飞机传动、起落架、中轻型燃气轮机、飞机刹车材料及产品为主	拥有中国南方航空工业（集团）有限公司、中国航空动力机械研究所、中航飞机起落架有限责任公司等骨干企业，其中株洲市国家发改委及工信部挂牌的"国家航空高技术产业基地"和"军民结合国家新型工业化产业示范基地"
江西	以南昌、景德镇、九江为中心，以直升机、教练机为主要产品	拥有两个飞机研究所、两所航空院校，在产业规模、航空产业配套、人才储备、技术储备等方面都具有优势，是国家重要的航空产业研发生产基地和航空工业资源大省
湖北	主要依托中航工业、布局在武汉、襄樊、荆门三地，以配套设备和航空设备研发为主	武汉主要生产航空仪表，襄阳主要生产航空救生装备、椅座等配套装备，荆门则集中了湖北航空设备研发力量，中航工业荆门特色所已自主研发A2C水上飞机、海鸥300水陆两栖飞机等多种型号的飞机
陕西	以西安为中心，以蒲城、咸阳、宝鸡、汉中为支撑形成"一基地五园区"航空产业发展格局，涵盖整机制造、零部件加工、培训、娱乐、维修等领域	阎良重点发展整机制造、大部件制造和零部件加工；蒲城重点发展通用飞机的整机制造、零部件加工、飞行员培训、航空俱乐部等；咸阳重点发展民用飞机维修、定检、大修、客改货、公务机托管、零部件支援、航空物流等项目；宝鸡重点发展飞行员及空勤、地勤人员培训、公务机试飞、转场飞行训练等项目；汉中依托陕飞公司，重点发展整机制造、特种机改装和零部件加工
四川	以成都为核心，以绵阳、德阳、自贡、宜宾、泸州为支撑	形成整机、发动机、重要零部件、航空电子、维修服务为支撑的航空制造业产业体系，在航空人才培养、空管系统以及飞机整机生产维修方面极具竞争力
重庆	涉及飞机零部件、轻型飞机制造、民航教育	在两江建立中国民航学院重庆分院；积极布局生产直升机，与霍尼韦尔签订框架协议生产航电设备等飞机零部件；搭建了通航产业"制造＋运营＋服务"、运输航空业动力"整机＋零部件"、新型复合金属材料、航空座椅"研发＋制造＋供应链"的全产业链发展格局

资料来源：2016～2017年赛迪顾问－中国航空装备制造业布局与发展战略［DB/OL］.豆丁网，https：//www.docin.com/p－1630427973.html？docfrom＝rrela；曹操盘.大飞机——继高铁之后的下一个交通装备［DB/OL］.今日头条，https：//www.toutiao.com/i6354118288057827841/wid＝1644833127604；张小刚.陕西航空未来将建成"五园区"飞机制造为核心［DB/OL］.华商报讯，http：//www.xazdhk.com/new.asp？N＝5；付斯颖.国家级商业航天项目鸿雁星座首颗试验卫星"重庆号"发射成功［DB/OL］.两江新区官网，http：//www.liangjiang.gov.cn/Content/2018－12/29/content_490321.htm.

表 2 - 13　　　　　　　　　　中国航空整机制造业分布

序号	城市	企业	产品
1	哈尔滨	中航工业哈飞	直升机整机；尾部结构、主桨叶等
		东安发动机	航空轻型动力，传动部件
2	长春	长航液控	飞机燃油，气压系统控制硬件和发动机燃油调节器，燃油泵
3	沈阳	中航工业沈飞	航空零组件，舱门、机翼组件等
		中航工业黎明	航空发动机制造、燃轮零部件
4	北京	北京航科	中小发动机燃油调节器，主燃油泵，数控系统液压机械执行机构等
5	保定	中航工业惠阳	航空螺旋桨，调速器，顺桨泵等
6	兰州	中航兰飞	自动驾驶仪、控制增稳系统，电动航机等
7	西安	西控公司	航空发动机燃油控制系统，飞机液压泵
		西飞公司	为波音，欧洲空客等 10 多家国外航空公司转包生产
		航空动力	航空发动机及零部件
8	汉中	中航电测	飞机用电压表，驾驶杆力传感器及测量装置
		中航起落架	航空器起落架
9	成都	中航凯天	飞机大气数据系统，集成数据系统，仪表及传感器等航空机载设备
		成发科技	航空发动机及燃气轮机零部件
		中航工业成飞	ARJ21、C919 组件生产，国外航空企业部件转包生产
		中电科航电	机载航电设备与相关设备
10	贵阳	中航工业黎阳	航空发动机及零部件
11	长沙	长沙中传机械	航空高精密齿轮、直升机中尾减速器
12	景德镇	昌河航空	西科斯基、阿古斯塔、波音等机身部件转包制造
		中航电子	航空照明系统、飞机警告系统
13	上海	中航工业商发	商用飞机动力装置
		上航电器	照明系统，操控板组件，音频系统、智能配电系统等
		中航通用航电系统	一体化航空电子系统

资料来源：参考 2016 ~ 2017 年赛迪顾问 - 中国航空装备制造业布局与发展战略［DB/OL］. 豆丁网，https：//www. docin. com/p - 1630427973. html？docfrom = rrela.

随着中国航空市场的快速扩张以及 C919 大飞机的快速推进，中国航空装备制造业迎来发展的历史机遇。既有的优势区位还进一步凸显产业集聚优势，而后发城市将抓住产业链长以及低空开放的新机遇实现从无到有的突破。

截至 2018 年，国内已在运营的航空产业园 36 个（见表 2 – 14），已批复在建的航空产业园 21 个（见表 2 – 15），批复未建的有 16 个（见表 2 – 16）。这些航空产业园涉及 26 个省（自治区、直辖市）。

表 2 – 14 国内已经在运营的航空产业园

序号	省份	批复年份	所在城市	园区名称
1	陕西	2004	西安	西安阎良国家航空高新技术产业基地
2	辽宁	2008	沈阳	沈阳国家航空高新技术产业基地
3	贵州	2008	安顺	安顺民用航空产业园国家高新技术产业基地
4	黑龙江	2008	哈尔滨	哈尔滨市民用航空产业国家高技术产业基地
5	四川	2008	成都	成都市民用航空产业国家高技术产业基地
6	天津	2008	天津	天津滨海新区民用航空产业园
7	上海	2008	上海	上海临港新城航空产业基地
8	北京	2009	北京	北京航空产业园
9	江西	2009	南昌	南昌国家航空高技术产业基地
10	广东	2010	珠海	珠海航空产业国家高技术产业基地
11	内蒙古	2010	包头	包头众翔通用航空产业园
12	河北	2010	石家庄	河北航空城
13	陕西	2008	汉中	汉中航空工业园
14		2010	西安	中航工业基础产业园
15		2010	宝鸡	飞行培训和航空安全装备制造园
16	山东	2010	济南	济南航空产业园
17			青岛	青岛航空城
18			烟台	烟台航空产业园
19			滨州	大高航空城
20			威海	威海航空产业园
21			莱芜	莱芜航空运动基地

续表

序号	省份	批复年份	所在城市	园区名称
22	吉林	2010	长春	长春航空科技产业园
23	湖北	2010	武汉	武汉航空产业园
24	安徽	2010	合肥	合肥航空产业园
25	福建	2010	福州	福州通用航空产业基地
26	湖南	2010	株洲	株洲航空工业园
27			长沙	长沙航空工业园
28	浙江	2010	嘉兴	航空航天产业园
29	辽宁	2010	朝阳	朝阳通用航空基地
30			大连	大连通用航空城
31			盘锦	盘锦通用航空产业园
32			法库	法库通用航空产业园
33	河北	2010	承德	承德航空科技产业园
34	江苏	2009	镇江	镇江航空产业园
35		2010	建湖	建湖航空航天产业园
36		2010	盐城	盐城航空航天产业园

资料来源：李程. 国内建成、批复 74 个航空产业园 8 个在陕西 ［N］. 华商报，2018 – 02 – 27.

表 2 – 15　　　　　**国内已经批复建设的航空产业园**

序号	省份	批复年份	所在城市	园区名称
1	江苏	2016	南京	南京航空产业园
2		2016	海门	海门航空产业园
3		2016	无锡	无锡航空产业园
4		2015	南通	南通航空产业园
5		2014	常州	常州航空产业园
6	浙江	2015	杭州湾	宁波杭州湾航空产业园
7		2013	绍兴	绍兴滨海新城通用航空产业园
8		2017	昆山	昆山淀山湖航空产业园
9		2012	嘉兴	嘉兴南湖航空产业园
10		2014	湖州	湖州安吉航空产业园

序号	省份	批复年份	所在城市	园区名称
11	江西	2016	景德镇	景德镇航空零部件产业园
12	陕西	2017	西安	卤阳湖通用航空产业园
13	内蒙古	2016	鄂尔多斯	鄂尔多斯通用航空产业园
14	湖北	2013	襄樊	襄樊航空航天工业园
15	安徽	2015	芜湖	芜湖航空产业园
16	福建	2016	福州	多功能航空产业园
17	山东	2012	莱西	航空循环经济产业园
18	山西	2015	晋中	青云航空产业园
19	重庆	2015	重庆	两江新区航空产业园
20	云南	2012	昆明	昆明直升机通用航空综合服务基地
21	陕西	2015	定边	西北通用航空产业园内

资料来源：李程. 国内建成、批复74个航空产业园8个在陕西［N］. 华商报，2018 – 02 – 27.

表 2 – 16 国内最新批复未建的产业园

序号	省份	批复年份	所在城市	园区名称
1	安徽	2017	定远	定远县航空产业园
2	四川	2017	自贡	自贡航空产业园
3	江苏	2017	无锡	丁蜀通航产业园
4	陕西	2017	西安	佛冈航空产业园
5	福建	2017	长汀	长汀县通用航空产业园
6	河北	2017	保定	阜平通用航空产业园
7	安徽	2017	宿州	砀山县通用航空产业园
8	浙江	2017	舟山	舟山航空产业园
9	陕西	2017	韩城	韩城市航空产业园
10	山东	2017	青岛	胶州市洋河通用航空产业园
11	河南	2017	登封	登封市航空产业园
12	安徽	2017	六安	应流（金安）航空产业园
13	辽宁	2017	大连	大连航空产业园

序号	省份	批复年份	所在城市	园区名称
14	河南	2017	安阳	安阳通航产业园
15	浙江	2016	台州	北航长鹰通用航空产业园
16	山东	2016	滕州	滕州通航产业园

资料来源：李程．国内建成、批复 74 个航空产业园 8 个在陕西［N］．华商报，2018 - 02 - 27.

2. 航空运输业全国布局

从航空旅客吞吐量来看（见图 2 - 6），截至 2017 年，排名前 11 位的枢纽机场在区域分布上呈现出明显的两极分化趋势，一面是东部地区的上海、北京、广州、深圳、厦门五大机场，其中上海和北京两大机场旅客吞吐量超过 1 亿人次；另一面是西部地区的成都、昆明、西安和重庆机场，旅客吞吐量均在 4 000 万人次左右。而位于中部的郑州和武汉旅客吞吐量则相对较少。

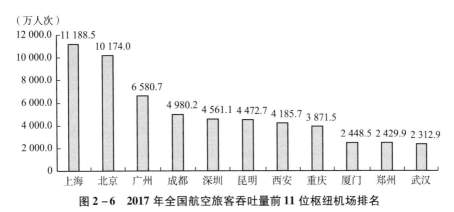

图 2 - 6　2017 年全国航空旅客吞吐量前 11 位枢纽机场排名

资料来源：中国民用航空．2019 年民航行业发展统计公报［R］．中国民用航空局，https：//cn. bing. com/search? q = 2017.

如图 2 - 7 所示，从货邮吞吐量来看，大致与旅客吞吐量排名相近，也呈现出东西分化的态势，东部的上海、北京、广州、深圳机场吞吐量较多，其中上海吞吐量超过 400 万吨，北京航空货邮占交通方式比例最高，达到 0.85%；西部的成都、昆明、重庆和西安航空货邮量分居第 5 位、第

7 位、第 8 位和第 10 位，中部地区郑州货邮吞吐量较多。

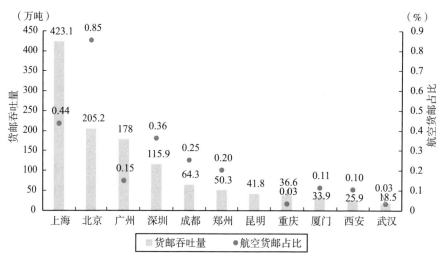

图 2-7　2017 年全国航空货邮前 11 位枢纽机场分布

资料来源：中国民用航空 . 2019 年民航行业发展统计公报 [R]. 中国民用航空局，https：// cn. bing. com/search？q = 2017.

随着航空成为国内居民出行的重要方式，各个城市争夺航空枢纽地位进一步加剧。继北京、上海、广州这三大国内航空枢纽之后，第四大航空枢纽的争夺一直以来备受关注。如表 2-17 所示，西南四城的成都、西安、重庆、昆明都意图争夺国内第四航空枢纽的位置。最近几年，昆明、重庆、西安的航空旅客吞吐量纷纷迈进 3 000 万人次大关，从相对差距来看，成都、西安、重庆、昆明四地均增速都较快，在全国的地位迅速提升，但相对于 2010 年，2017 年成都的相对领先优势有所下降。总体来看，西南成都、重庆、西安、昆明在争夺航空枢纽方面，无论是机场的客运吞吐量，航线的开通数量以及国际班列的运行等方面，可谓势均力敌。①

---

　①　长水机场上半年吞吐量猛增，第四大航空枢纽竞争激烈 [DB/OL]. 云南房网，https：// www. ynhouse. com/news/view - 188929. html.

表 2 - 17　　　　　成都、重庆、西安、昆明航空旅客吞吐量比较

2010 年			2017 年		
城市	旅客吞吐量	排名	城市	旅客吞吐量	排名
成都	2 580.5	6	成都	4 980.0	4
重庆	1 580.2	10	重庆	3 871.5	9
西安	1 801.0	8	西安	4 185.7	8
昆明	2 019.2	7	昆明	4 472.7	6

资料来源：中国民用航空．民航行业发展统计公报［R］．中国民用航空局，https：// cn. bing. com/search？q = 2017.

从航空货运来看，成都航空货运虽然位居全国第 5，但近几年增长乏力，与前四大航空枢纽的差距拉大，与郑州、重庆等地的领先优势缩小。特别是郑州获批航空经济试验区之后，航空货运量成倍增长，大有赶超成都之势。在国内航空物流中心的布局上，西安、武汉、郑州都瞄准成为"中国孟菲斯"。其中，菜鸟网络与西安方面签署了战略合作协议，打造服务于"一带一路"的西北地区智慧物流中心，海航集团旗下物流业务板块也整体落户西安；顺丰速运在鄂州布局航空物流中转中心，将助推武汉提升航空物流地位。

3. 航空运营服务业全国布局

我国各大型机场在航空运营服务方面差异不大，均围绕航空客货运规模大小提供相对应的运营服务，其中在部分领域呈现出差异化的发展。

一是航空培训市场。从 20 世纪 50 年代末中国第一座飞行培训学校建立开始，至今具有学历教育的院校已有 14 座，随着一系列低空空域开放政策的出台，非学历性质的培训机构也逐渐增多。其中，中国民航学院是全球办学规模最大的飞行培训机构，是世界上规模最大的以飞行训练为主的学校，建校以来，中飞院已为中国民航培养了 70% 的飞行员、80% 的机长、90% 的功勋飞行员和 100% 的特级飞行员，被誉为中国民航飞行员的"摇篮"、中国民航管理干部的"黄埔军校"。① 我国主要航空培训学院分

① 中国民航飞行员的"摇篮"中国民用航空飞行学院简介［DB/OL］．中国民航飞行学院官网，http：//www. fjtd - logistics. com/show. asp？id = 455.

布见表 2 - 18。

表 2 - 18 　　　　　　　　　我国主要航空培训学院分布

序号	城市	学院	学历资格和有无训练场
1	大庆	八一农垦大学	具有学历教育资格有训练机场
2	天津	中国民航大学	
3	安阳	安阳工学院	
4	洛阳	中国民航飞行学院（分院）	
5	广汉	中国民航飞行学院（分院）	
6	绵阳	中国民航飞行学院（总院）	
7	新津	中国民航飞行学院（分院）	
8	遂宁	中国民航飞行学院（分院）	
9	沈阳	沈阳航空航天大学	具有学历教育资格无训练机场
10	北京	北京航空航天大学	
11	滨州	滨州飞行学院	
12	南京	南京航空航天大学	
13	上海	上海工程技术大学	
14	南昌	南昌航空大学	
15	临沂	青岛九天国际飞行学院	非学历性质培训机构
16	阜阳	安徽蓝天国际航空学院	
17	宜昌	海南航空学校	
18	武汉	湖北蔚蓝国际航空学校	
19	珠海	中航飞行学校	

资料来源：根据各航空培训学院网站信息整理。

二是航空金融业。2013 年 12 月 20 日，国务院办公厅印发《关于加快飞机租赁业发展的意见》明确指出，飞机租赁作为支撑航空业发展的生产性服务业，是航空制造、运输、通用航空及金融业的重要关联产业。该意见希望从 2020 年至 2030 年通过不断营造有利的政策环境，加强政府引导，支持飞机租赁企业发展国内、国际市场，打造飞机租赁产业集群，使我国成为全球飞机租赁企业的重要聚集地。作为发展航空金融的前沿地区，天津东疆走在了全国前列。2014 年东疆保税港区出台《关于加快航空金融发展（暂行）鼓励办法》，鼓励飞机租赁和航空配套产业健康发展，在投资、监管、审批、融资、税收等方面给予政策扶持。2018 年 1 月至 7 月，天津东疆完成 119 架飞机租赁业务，租赁资产约 51.4 亿美元，成为滩涂上"隆起"的世界级飞机租赁高地。①

三是航空维修业。目前，国内大型机场几乎均有航空维修服务，作为飞机日常维修和保养。而将航空维修作为一项产业来布局，厦门和上海在这一方面进行了多样的探索。福建厦门积极打造高水平的航空维修基地，聚集了以厦门太古飞机工程有限公司为代表的 13 家航空维修企业。2016 年，厦门航空维修业产值达 121.1 亿元。② 波音公司、上海机场（集团）有限公司和上海航空有限公司共同投资在浦东机场组建了上海波音航空改装维修工程有限公司，公司主要从事飞机改装、飞机维护和修理、航线维护、航空器材销售与修理等业务，同时提供相关的工程技术服务。世界著名航空制造商罗克韦尔柯林斯公司与中国东方航空公司共同投资，在外高桥保税区建立了上海柯林斯航空维修服务有限公司，公司承担着中国东方航空公司近 200 架飞机和国内各航空公司航空电子设备的修理和改装。③

4. 航空衍生服务业全国布局

国内基于航空衍生的服务业发展并不充分，更多是将航空运输作为一项独立的交通运输产业，仅仅起到连接消费者与旅游、休闲娱乐、商务会展等产业的作用，并未从航空本身的角度出发挖掘航空经济更多内涵，因此也并未出现航空衍生服务发展较好的城市。其中，航站楼商业和航空会展比较如下。

一是航站楼商业。商业化已经成为当今机场发展的重要趋势，航站楼已经由传统的航空性交通枢纽逐渐发展成为集交通、购物、休闲、餐饮、

---

①　智研咨询 . 2019 – 2025 年中国飞机租赁市场全景调查及发展前景预测报告［R］. 产业信息网，https：//www. chyxx. com/research/201903/720913. html.

②　这座城市与众不同：它是千面之城、自然之城、人人之城［DB/OL］. 新华视点，ht-tps：//mp. weixin. qq. com/s/Lfl81CejSW5Z595ROY9CIA.

③　上海市浦东新区经济和信息化委员会 . 浦东新区民用航空产业"十二五"及远景规划［R］. 上海市浦东新区人民政府官网，https：//www. weizhuannet. com/p – 6496637. html.

娱乐等服务为一体的城市综合体。[①] 我国排名前6位机场航站楼商业分布
情况见表2-19。

表2-19　　　　　　　　我国排名前6位机场航站楼商业分布情况

序号	国内机场	航站楼面积 （万平方米）	商业面积 （万平方米）	商业比例 （%）	商业密度 （平方米/万人）
1	首都 T3	98.6	5.26	5.3	5.49
2	广州白云	32.0	3.00	9.3	4.56
3	上海虹桥 T2	36.2	4.20	11.6	10.03
4	上海浦东 T2	54.6	5.13	9.3	7.33
5	深圳宝安	14.6	1.06	7.2	2.32
6	成都双流	13.8	0.88	6.3	1.77

资料来源：王旭，马航，任炳文. 我国枢纽机场航站楼商业业态配比与布局分析研究［J］.
华中建筑，2012，30（9）：39-43。

　　二是航空衍生会展业。国内众多城市均发展会展业，但并未单独以航
空方式作为区域选择的主导。上海虹桥机场距离其国家会展中心相对较
近，约4.6公里。上海也连续6年举办了中国国际航空、邮轮及列车食品
饮料展（简称：CTCE CHINA），其作为亚洲地区旅游餐饮领域唯一专业
盛会已在上海顺利举办过数届并获得巨大成功。展会共吸引来自全球40
多个国家和地区数千家旅游餐饮（含航空、邮轮、列车、部队、学校、工
厂、酒店餐饮等配餐用食材）、食品饮料领域优秀供应商前来参展，累计
展出面积超过十万平方米。

5. 航空引致产业全国布局

　　航空引致产业主要是指适用于航空运输的高科技产业，可以称为适航
高科技产业。航空引致产业的发展，大致可以用临空经济的发展来衡量，
我国重要临空经济区产业发展情况如表2-20所示。

---

　　① 王旭，马航，任炳文. 我国枢纽机场航站楼商业业态配比与布局分析研究［J］. 华中建
筑，2012，30（9）：39-43。

表 2 - 20　　　　　　　　我国重要临空经济区产业发展统计

临经济区	已有产业类型	规划产业类型
北京首都临空经济区	航空维修中心，综合保税区，汽车制造，电子信息，生物医药，会展中心，国际学校，物流园区，国门商务区，文化创意，休闲娱乐，临空农业，高尔夫休闲娱乐，居住	高新技术，现代制造业，现代物流，国际商贸，国际会展和文体休闲六大产业
广州空港经济区	综合保税区（在建），高增枢纽商务中心（在建），南航商务中心，航空物流，生态公园	航空物流，航空维修，航空制造，商贸会展，文化创意，电子信息，科技研发，健康休闲，现代农业
上海浦东临空经济区	大型购物中心，物流园区，花卉展示与销售，购物中心，航空公司总部商务区，高尔夫，居住等总部商务园区，高铁商务商业中心，博览中心，物流园区，休闲娱乐，居住等	综合保税，国际商贸，航空制造与维修，复合型农业
上海虹桥临空经济园区	总部商务园区，高铁商务商业中心，博览中心，物流园区，休闲娱乐居住等	信息服务业，现代物流业，高新技术产业，总部经济，文化休闲，旅游服务
深圳宝安空港新城	翠岗出口工业加工园，物流园区，高尔夫球场，居住	航空物流，国际会展，商贸，科技研发
成都双流临空经济区	物流园区，加工制造园区，教育园区，空港总部基地，居住	航空制造，高新技术产业，国际商贸，旅游
昆明空港经济区	小规模物流园区，教育园区	电子信息，生物医药，航空食品，航油航材，航空维修，航空物流，航空培训，商务商贸，休闲娱乐，现代农业
萧山空港经济区	保税物流园，加工工业园	保税物流，跨境电子商务，航空总部，临空商贸及临空制造产业
西安航空城综合试验区	综合保税区在建，空港国际商务中心在建电子信息产业园物流园区	航空物流，航空培训，航空制造，综合保税，生态农业，电子信息，总部经济

临经济区	已有产业类型	规划产业类型
重庆临空经济新区	汽车制造，航空物流，商业中心，教育园区居住	智能终端，应用电子，智能装备及航空制造和航空维修与培训，航空物流，临空商务，会展，都市农业
厦门航空城	国际会议中心，物流园区，大型购物中心，航空研发中心，电子信息产业园区，高端居住等	航空维修，航空物流，商务中心，商贸，高新技术
武汉临空经济区	小规模航空物流	航空物流，综合保税，电子信息，生物医药，信息服务，商务商业
长沙黄花航空城	小规模航空物流	航空制造，航空物流，商务中心，文化创意，科技孵化
南京禄口临空经济区	小规模航空物流	航空物流，电子信息，汽车制造，电力设备，软件研发，新型能源，商务休闲
青岛胶东临空经济区	航空物流，商务中心，居住，高尔夫，食品加工	航空培训，航空物流，生物技术，商务商贸，休闲旅游
大连临空经济区	航空物流，机械制造，服装加工，居住	航空物流，海港物流，航空制造
沈阳临空经济区	小规模航空物流，教育园区	物流商贸，会展商务，旅游
乌鲁木齐临空经济区	航空物流，航空培训，建材，钢材加工，居住	航空物流，高新技术会展，国际商务
郑州航空经济试验区	综合保税区，物流园区，商业中心，电子信息产业园区，居住	保税物流，汽车及机电，电子信息，航空制造，航空物流，总部经济，商务会展
哈尔滨沿边开放临空经济综合实验区	小规模航空物流	航空制造，航空维修，航空培训，跨境电子商务，商务会展
福州长乐临空经济区	航空物流，纺织加工	飞机制造，综合保税，机械装备，不锈钢，现代服务

临经济区	已有产业类型	规划产业类型
天津临空经济区	空港商务园区，大型购物中心，综合保税区，航空制造园区，物流园区，汽车产业园区，纺织加工，居住等	航空制造，教育，航空维修，食品加工，航空物流，纺织
呼和浩特航空城	小规模航空物流，食品加工，服装，居住	航空物流，食品加工，生物医药，服装，房地产
珠海航空城	航空维修，航空制造，国际会议展览中心，商务中心，居住等	航空培训，航空展览，航空物流，会展商务，总部经济
贵州双龙临空经济区	航空物流，居住	航空制造，航空维修，航空物流，综合保税，电子信息，现代装备制造，总部经济，商业文化创意，旅游

资料来源：根据各临空经济区门户网站信息整理。

2.3.2　全国航空经济重点布局城市竞争力判断

通过对航空经济的概念内涵、发展规划、国际国内经验的总结以及未来发展趋势的研究，判断出航空经济的内在发展主要由航空制造（大飞机整装）和航空枢纽两大核心驱动力来推动相关产业的集聚，两大驱动力所带动的航空经济产业体系对于一个城市而言可以独立发展，也可以共同存在进行发展。因此，对于成都航空经济竞争力的判断需要立足于国家航空经济重点布局城市中进行比较，分析成都在国家层面在航空制造和航空枢纽两大核心驱动力要素影响下的竞争力。

1. 全国航空制造重点布局城市中的竞争力分析

航空制造产业不同于其他一般制造产业，是与国家战略安全、与国际竞争息息相关的战略性产业，受自上而下国家战略意志导向影响巨大，此外，与城市工业发展水平、创新环境、国际合作、科技研发等要素紧密相关。同时，从国际国内案例与相关理论研究来看，对航空制造驱动要素的评价尚没有明确的评价体系。因此，结合国际航空制造发展经验总结，特别是波音与空客的成功发展路径，选取我国在航空制造业领域较为突出的城市，从国家政策支持、国家航空制造产业布局、城市工业发展水平、城市创新环境、城市科技研发能力、航空产业集聚能力、C919 参与程度等要素对全国航空制造领域的主要驱动力要素进行比较分析，从而判断成都未来航空制造产业的竞争力所在。

（1）全国航空制造重点布局城市。从国家航空工业在全国的布局建设以及我国航空制造发展较为良好或参与国家 C919 大飞机制造的城市作为对标城市进行比较分析。在上述原则下选取上海、天津、西安、南昌、郑州、沈阳、哈尔滨 7 个城市与成都进行分析比较。

（2）评价方法。打分原则：评价得分采取 100 分制，由于各一级指标是航空制造发展的必要因素，所以整体分值相对平均，除城市科研创新能力方面均为 10 分，由于航空制造高研发和高技术的特殊要求，所以城市科研创新能力一项满分为 20 分。二级指标结合航空制造实际数据统计情况与专家意见进行分值分配。

标准值划定原则：作为评价体系计算的标准参考值，选取各城市中该项最大值作为标准值，来综合判断各城市航空制造影响要素的发展水平（见表 2－21）。

表 2－21　　　　　　　各城市航空制造主要驱动力要素评价体系

序号	一级指标	一级分值	二级指标	二级分值
1	航空制造发展基础	10	航空制造业产值	5
			航空制造企业数量	5
2	航空制造技术水平	10	整机总装	3.33
			发动机	3.33
			航电系统	3.33
3	城市工业发展水平	10	工业增加值	6
			工业增加率	4
4	城市科研创新能力	20	科技研发投入占 GDP 比重（%）	5
			航空院校数量	5
			航空科研机构数量	5
			发明专利授权数（件）	5

续表

序号	一级指标	一级分值	二级指标	二级分值
5	国际合作水平	10	国际会议数量	3.33
			领事馆数量	3.33
			外企、合资企业数量	3.33
6	国家相关政策支撑力度	10	航空产业区数量	5
			国家级、省级政策数量	5
7	航空产业链集聚能力	10	大型客机	3
			中型客机	2
			小型客机	1
			无人机	1
			军用运输机	2
			军用战机	1
8	国家 C919 大飞机制造战略	10	机翼	0.5
			机身	0.5
			尾翼	0.5
			起落装置	0.5
			动力装置	1.5
			航电系统	1.5
			总装	5
9	城市交通基础设施	10	机场数量	3.33
			高铁站数量	3.33
			高速公路数量	3.33

资料来源：课题组整理。

（3）竞争力评价结果。对成都、上海、西安、天津、沈阳、哈尔滨、南昌、郑州等国家航空制造重点布局城市采用以上指标进行统计分析，判断成都在国家层面航空制造方面的竞争力（见表 2 - 22）。综合判断结论如下：

①航空制造业综合实力方面，上海全国最强，西安第二，成都排名第三；

②航空制造业发展基础西安排名全国第一，天津由于具有空客总装项目优势排名第二，成都排名第三；

③航空制造业技术水平西安排名全国第一，成都因为拥有航空工业下属的发动机科研院所和航空电子院所的基础条件优势与上海并列第二；

④城市工业发展基础上海实力最强，天津第二，成都工业发展规模与增长速度都具有强劲势头，位于国家航空制造重点布局城市的第三；

⑤城市科研创新能力西安排名第一，上海第二，成都第三；

⑥国际合作水平上海排名第一，西安第二，成都排名第三；

⑦相关政策支持方面，西安在国家、省、市层面给予了最大的支持力度，其次沈阳在省、市层面也给予了航空制造产业巨大的支持，成都排在西安和沈阳之后，排名第三；

⑧航空产业集聚能力与大飞机整装项目密切相关，上海产业集聚能力最强，其次是西安和天津，成都排名第五；

⑨在国家大飞机战略布局中上海位居首位，其次是成都与天津；

⑩城市交通基础设施支撑能力方面，上海最好，其次是成都，在城市交通基础设施配套方面成都走在前列。

基于以上分析结果，可以判断在全国航空工业重点布局城市中，上海在航空制造方面发展综合实力最强，主要是在国家商飞大飞机项目的带动下，产业集聚、科技研发与航空制造综合实力都具有全国性的竞争优势。成都航空制造在全国战略布局与发展中处于前三的地位，在航空制造综合实力、航空工业国际合作以及科技研发等方面都具有较为突出的竞争优势。

表 2 – 22　　　　　　　　各城市航空制造评价结果

序号	一级指标	二级指标	成都	天津	上海	西安	南昌	郑州	沈阳	哈尔滨
1	航空制造发展基础	航空制造业产值	3.151	5.000	1.370	3.719	0.506	0.240	0.205	1.188
		航空制造企业数量	3.289	2.112	3.289	5.000	0.294	0.160	1.952	0.829
	得分		6.439	7.112	4.659	8.719	0.800	0.400	2.157	2.017

序号	一级指标	二级指标	成都	天津	上海	西安	南昌	郑州	沈阳	哈尔滨
2	航空制造技术水平	整机总装	1.665	2.997	3.330	2.331	0.000	0.000	1.332	2.664
		发动机	2.997	0.000	1.665	3.330	0.000	0.000	2.997	1.332
		航电系统	3.330	0.000	2.997	2.664	0.000	0.000	2.331	0.000
	得分		7.992	2.997	7.992	8.325	0.000	0.000	6.660	3.996
3	城市工业发展水平	工业增加值	3.770	4.960	6.000	1.212	1.275	2.306	0.922	0.872
		工业增加率	2.513	3.307	4.000	0.808	0.850	1.537	0.615	0.581
	得分		6.283	8.266	10.000	2.020	2.125	3.843	1.537	1.453
4	城市科研创新能力	科技研发投入占 GDP 比重（%）	2.038	2.885	3.606	5.003	0.259	1.708	2.446	1.769
		航空院校数量	3.333	1.667	1.667	5.000	1.667	1.667	1.667	3.333
		航空科研机构数量	3.333	0.000	5.000	5.000	0.833	0.000	3.333	2.500
		发明专利授权数（件）	1.793	1.291	5.000	1.492	0.019	0.235	0.710	0.920
	得分		10.498	5.842	15.272	16.495	2.778	3.610	8.156	8.522
5	国际合作水平	国际会议数量	0.843	0.464	3.330	0.843	0.000	0.169	0.000	0.000
		领事馆数量	0.786	0.000	3.330	0.139	0.000	0.000	0.324	0.000
		外企数量	0.965	1.347	3.330	1.711	0.355	0.274	0.705	0.118
	得分		2.594	1.811	10.000	2.693	0.355	0.443	1.028	0.118
6	国家相关政策支撑力度	航空产业区数量	1.667	1.667	1.667	5.000	1.667	0.000	3.333	1.667
		国家级、省级政策数量	2.353	1.471	0.882	5.000	0.588	0.000	1.471	1.176
	得分		4.020	3.137	2.549	10.000	2.255	0.000	4.804	2.843

序号	一级指标	二级指标	成都	天津	上海	西安	南昌	郑州	沈阳	哈尔滨
7	航空产业链集聚能力	大型客机	0.000	3.000	3.000	0.000	0.000	0.000	0.000	0.000
		中型客机	0.000	2.000	2.000	2.000	0.000	0.000	0.000	0.000
		小型客机	1.000	0.000	1.000	1.000	1.000	0.000	0.000	1.000
		无人机	1.000	1.000	1.000	1.000	1.000	1.000	1.000	1.000
		军用运输机	0.000	0.000	2.000	2.000	0.000	0.000	0.000	2.000
		军用战机	1.000	0.000	0.000	1.000	1.000	0.000	1.000	1.000
		得分	3.000	6.000	9.000	7.000	3.000	1.000	2.000	5.000
8	国家C919大飞机制造战略	机翼	0.000	0.000	0.000	0.500	0.000	0.000	0.000	0.000
		机身	0.500	0.000	0.000	0.000	0.500	0.000	0.500	0.000
		尾翼	0.000	0.000	0.000	0.000	0.000	0.000	0.500	0.500
		起落装置	0.000	0.000	0.000	0.000	0.000	0.000	0.000	0.000
		动力装置	0.000	0.000	0.000	0.000	0.000	0.000	0.000	0.000
		航电系统	1.500	1.500	0.000	0.000	0.000	0.000	0.000	0.000
		总装	0.000	0.000	5.000	0.000	0.000	0.000	0.000	0.000
		得分	2.000	1.500	5.000	0.500	0.500	0.000	1.000	0.500
9	城市交通基础设施	机场数量	3.330	1.665	3.330	1.665	1.665	1.665	1.665	1.665
		高铁站数量	2.498	2.498	3.330	2.498	2.498	3.330	3.330	2.498
		高速公路数量	2.590	2.220	3.330	2.590	1.110	1.480	1.850	1.850
		得分	8.418	6.383	10.000	6.753	5.273	6.475	6.845	6.013
	总分		51.243	43.048	74.472	62.504	17.086	15.771	34.188	30.462

资料来源：课题组整理。

2. 全国航空枢纽驱动下临空经济发展竞争力评价

航空枢纽是航空经济发展的两大核心驱动力之一，一个城市临空经济的发展与航空枢纽的能级成正相关，从国际国内航空枢纽地区临空经济产业发展的案例研究可以判断，航空枢纽的能级越高，对周边地区航空指向性相关产业的集聚能力就越强，临空产业规模就越大。从全国航空枢纽布局与国家批复临空经济示范区的城市进行综合比较，判断各城市航空枢纽驱动下临空经济的竞争力。评价体系主要是基于发展现状对各个城市的枢纽能级进行评价，在评价过程中仅对双流国际机场相关数据进行评价，对天府国际机场运营后成都航空枢纽的发展能级给出发展趋势与潜力的预判。

（1）全国航空枢纽及临空经济区重点布局城市。选取国家民航局确定的国家干线枢纽机场的城市以及拥有国家级临空经济区的城市进行综合比较分析。主要对成都、北京、上海、香港、昆明、武汉、广州、深圳等城市进行比较。

（2）评价方法。评价指标：依据国际航空运输协会对航空枢纽评价的基本原则，选取机场建设规模、基地航空公司组织能力、机场服务质量、客运中转能力、通航能力、航空运输能力、临空经济区发展阶段、交通组织效率以及城市经济发展水平9大方面进行综合评价。

打分原则：评价得分采取100分制，由于各一级指标是航空枢纽发展的必要因素，所以分值相对平均。二级指标结合航空枢纽实际数据统计情况与专家意见，进行分值分配。

标准值划定原则：作为评价体系计算的标准参考值，选取国内国际对标城市中该项最大值作为标准值，来衡量成都与其他对标城市航空枢纽发展的差距。其中"中转比例"采取国际惯例要求30%作为标准值；航班出港准点率以全球平均航班出港准点率69.2%作为标准值，如表2-23所示。

表2-23 航空枢纽主要驱动要素评价体系

序号	一级指标	一级分值	二级指标	二级分值
1	机场建设规模	10	机场跑道数量	5
			机位数量	5
2	基地航空公司机场组织能力	10	航班出港准点率	10
3	机场服务水平	10	机场服务度	10
4	客运量中转能力	10	最小衔接时间	3
			中转比例	3
			机场连通性	4

序号	一级指标	一级分值	二级指标	二级分值
5	通航能力	15	国际航线数量	5
			国内航线数量	5
			起落架次	5
6	航空运输能力	10	客运量	5
			货运量	5
7	临空经济区发展程度	10	是否为国家临空经济区	5
			临空经济区发展阶段	5
8	交通支撑体系效率	15	高速铁路连接数量	5
			地铁连接数量	5
			机场巴士线路数量	5
9	城市经济发展程度	10	GDP	5
			人均 GDP	5
总分			100	

资料来源：项目组整理。

（3）竞争力分析结论。如表 2 - 24 所示，对航空枢纽驱动下航空经济发展各影响要素进行综合分析，从而对全国航空枢纽重点城市航空经济发展进行综合评价，进而判断各城市航空枢纽的竞争力。主要结论如下：

①从航空枢纽能级来看，上海、北京、香港位居全国前三，广州、深圳紧跟其后，成都枢纽发展位于上述 5 个城市之后，总体处于中等水平；

②国际国内中转服务水平香港位于第一，其次是北京、广州、上海等城市，成都位于第六，仅优于武汉；

③国际国内航线发展方面，香港第一，其次是北京与上海，广州第四，成都第五，但成都在国内航线方面仅次于北京与上海；

④从航空客货运综合能力来讲，香港第一，其次是北京与上海，广州第四，成都第五，但成都的优势在于客运能力方面，航空货运与前面四个机场的差距较大；

⑤临空港经济区发展水平方面，香港、上海、北京位于前三，成都与广州并列第四，临空经济尚处于产业集聚阶段；

⑥从城市经济规模来看，香港、上海、北京、广州、深圳是我国经济发展最好的 5 个城市，成都位于第七，仅高于昆明。

综合来看，在航空枢纽带动下，全国航空经济发展基础最好的还是北上广，成都航空枢纽驱动下的航空经济与北上广的差距还较大，未来的发展首先要大力提升航空枢纽的综合服务能级，从而带动航空枢纽地区航空经济的发展。

表 2 – 24　　　　　各城市航空枢纽驱动力要素评价综合得分

序号	一级指标	二级指标	成都	北京	上海	香港	昆明	武汉	广州	深圳
1	机场建设规模	机场跑道数量	2.500	3.750	5.000	3.750	2.500	2.500	3.750	2.500
		机位数量	2.834	5.000	2.970	2.898	1.752	1.290	2.914	3.169
		得分	5.334	8.750	7.970	6.648	4.252	3.790	6.664	5.669
2	基地航空公司机场组织能力	航班出港准点率	10	8.879	10	8.662	10	9.71	9.489	10
		得分	10	8.879	10	8.662	10	9.71	9.489	10
3	机场服务水平	机场服务度	9.518	9.494	9.639	10.000	9.446	9.349	9.542	9.590
		得分	9.518	9.494	9.639	10.000	9.446	9.349	9.542	9.590
4	客运中转能力	最小衔接时间	1.125	2.250	1.125	2.250	1.500	1.125	1.500	1.125
		中转比例	1.000	0.840	1.000	3.000	0.500	0.362	1.100	0.800
		机场连通性	1.846	4.000	3.035	2.889	2.738	1.167	2.917	2.098
		得分	3.971	7.090	5.160	8.139	4.738	2.654	5.517	4.023
5	通航能力	国际航线数量	3.025	3.822	4.108	4.363	1.720	1.688	5.000	1.274
		国内航线数量	3.941	2.973	3.153	0.833	5.000	2.635	3.221	3.131
		起落架次	2.822	5.000	4.160	3.544	2.932	1.532	3.893	2.846
		得分	9.789	11.794	11.421	8.741	9.652	5.855	12.113	7.251

序号	一级指标	二级指标	成都	北京	上海	香港	昆明	武汉	广州	深圳
6	航空运输能力	客运量	2.600	5.000	3.654	3.805	2.335	1.207	3.435	2.381
		货运量	0.630	1.990	3.749	5.000	0.410	0.181	1.746	1.136
		得分	3.230	6.990	7.403	8.805	2.745	1.389	5.181	3.517
7	临空经济区发展程度	是否为国家临空经济区	5	5	5	5	0	0	5	0
		临空经济区发展阶段	3	3	3	5	3	3	3	3
		得分	8	8	8	10	3	3	8	3
8	交通支撑体系效率	高速铁路连接数量	5.00	0.00	5.00	0.00	0.00	5.00	0.00	0.00
		地铁连接数量	2.50	2.50	5.00	2.50	2.50	2.50	2.50	2.50
		机场巴士线路数量	3.556	4.222	3.111	5.000	2.222	1.778	2.111	3.222
		得分	11.056	6.722	13.111	7.500	4.722	9.278	4.611	5.722
9	城市经济发展程度	GDP	1.429	2.122	2.049	5.000	1.183	2.037	2.478	3.012
		人均GDP	2.305	4.646	5.000	3.824	0.806	2.225	3.568	3.723
		得分	3.734	6.768	7.049	8.824	1.989	4.262	6.046	6.735
		总分	64.632	74.487	79.753	77.320	50.543	49.286	67.164	55.507

资料来源：项目组整理。

2.4 对成都的启示

2.4.1 全球航空市场加速扩张，成都发展航空经济前景广阔

航空网络是 21 世纪经济互联互通的实体网络，而航空经济则是引领产业变革调整的主体动力。未来 20 年，全球特别是中国航空经济发展市场加速扩张，无论是前端的航空制造市场，还是中端的航空枢纽运营市

场，以及后端的航空服务市场，发展规模均以前所未有的速度扩张。从航空制造来看，未来 20 年，中国可形成万亿美元规模的巨型产业，而伴随航空制造的诸多配套产业，更可进一步提升产业规模。从航空枢纽来看，交通运输方式的变革促使民用航空成为增长速度最快、发展潜力最大的交通运输方式，也带来了全球性航空新枢纽的形成和东移。基于航空制造和航空枢纽的加速扩张，航空服务市场也在同步崛起。未来 20 年，航空经济将成为各国新的支柱性产业，对成都而言，基于相对完善的航空产业生态以及数量较多的航空领域内领先企业，未来发展航空经济市场前景将非常广阔，尤其是在航空研发设计、航空整装制造领域具备相对比较优势，同时基于航空枢纽的优势，具备建设面向欧亚的航空物流供应链枢纽的基础。

2.4.2 新兴产业蓬勃兴起，成都航空经济后发优势日渐显现

近年来，航空制造技术变革迅猛，新技术日益成熟，包括增材制造（3D 打印）和陶瓷基复合材料技术对发动机制造技术的颠覆，智能制造在飞机大部件装配领域的广泛应用，新型材料技术的广泛运用，将有可能在 10 年左右汇集成整体的技术迭代，从而打破传统航空制造企业的技术垄断和市场垄断，这为成都发展航空制造提供了后发赶超的机遇。同时，民用无人机、大型消费级无人机以及各类新型通用飞机的兴起为航空经济的发展注入了新的动力和活力，也为成都等新兴航空经济城市提供了切入产业市场的新路径。在传统民用航空制造格局固化和短期内难以调整的背景下，成都可采取小步快跑、后发赶超的方式，累积航空经济基础优势，促进航空经济的成长壮大。

2.4.3 产业多元衍生发展，成都发展航空经济机遇成熟

当前，航空经济已经摆脱了制造和运营服务的传统产业格局，正在以一种新的产业方式变革撬动更多更广的关联产业实现市场扩张。因此，论及航空经济的基础实力，不仅仅局限于飞机制造实力的强大，或者航空枢纽运输规模的强大，而是基于航空制造的综合实力与航空枢纽的运输优

势，推动包括航空制造、航空运输、航空运营服务、航空衍生服务和航空引致服务市场的整体提升。同时，随着外溢效益的扩大，航空经济将推动整个城市工业、商业、物流业、高端服务业等耦合发展。因此，在未来10~20年，成都可借助航空经济多元衍生发展，推动航空经济整体经济实力的提升，并借助航空经济的外溢效应，引领和带动全市新型制造业、高端服务业、现代农业转型升级发展。

2.4.4 国内综合实力领先，成都可期抢占航空经济高点

从航空经济全国布局情况来看，成都在国内综合实力领先。航空制造在全国战略布局与发展中处于前三的地位，在航空制造综合实力、航空工业国际合作以及科技研发等方面都具有较为突出的竞争优势。同时，成都以广阔巨大的西南地区市场腹地，成功地站稳了继北上广之后的"航空第四城"，依托亚欧大陆地理中心的区位优势，正在抢占面向亚欧的新洲际枢纽。另外，在航空运营服务、航空衍生服务和航空制造服务等领域，也呈现出加速成长的新态势。综上分析，从发展基础来看，成都是全国极少数有条件将航空经济作为一种独立经济形态加以谋划发展的城市，未来具备抢占航空经济高点的现实条件。近期在航空制造领域，成都可重点突出航空研发设计和航空整装制造；在航空运输领域，要重点提升主基地航空公司承运能力，选择建设面向欧亚航空供应链枢纽；同时，基于航空运输机队和航空人才需求，积极发展航空维修与航空培训领域。

第3章　成都发展航空经济的
能力评估和战略判断

3.1　成都发展航空经济优劣势分析

3.1.1　成都航空经济发展优势分析

1. 国家航空产业重点布局城市，航空制造产业优势明显

（1）制造链条相对完整，产业格局初步形成。成都具有较完整的航空研发制造和配套产业体系，已形成集飞机研发、设计、制造、测试和维修等于一体的较完整的航空装备产业链及航空维修与运营服务的能力，是我国重要的民机大部件国际转包生产基地，航空维修和再制造基地，工业级无人机研发、生产基地。[①] 2016 年，全市有航空产业企事业单位 52 户，其中规模以上工业企业 30 户，产业（不含军工）主营业务收入 97.3 亿元，同比增长 36.9%，航空工业规模位居全国前列，航空装备制造水平全国领先，具备发展通用航空产业的良好基础条件，[②] 已经形成航空整机、航空发动机、航空零部件、航材、地面及空管设备、无人机及通用航空的

---

① 王晓勇. 四川大力发展航空与燃机产业，航空第四城成都再起飞［N］. 四川日报，2014 - 08 - 15.

② 邓超，陈梦楠. 成都：2020 年前建成金堂、都江堰通航机场［N］. 成都商报，2017 - 07 - 19.

全产业链体系。

（2）航空研发能力较强，对外合作经验丰富。成都在飞行器总体设计制造、航空发动机研制和航电系统研制等方面居于国内领先水平。[①]

多年来，成都与美国、法国、俄罗斯等国家的航空企业在军机、民机领域开展了多方位、多层次的合作，积累了丰富的国际合作经验和管理经验。[②]

（3）空间载体加快布局，产业集聚不断加强。成都市航空制造已形成"一核五园两区"格局（如表3-1所示），即以青羊区为核心区，发展飞机整机、飞机大部件、飞机改装和机载设备研发制造；在高新区、新都区、双流区、彭州市、金堂县布局特色航空产业园，发展航空发动机、无人机、航电设备、航空零部件以及航空发动机维修与再制造等领域；新空港产业功能区、天府国际创新中心则为航空经济拓展区。

表3-1　　　　　　成都市航空制造"一核五园两区"空间布局

区域定位	区市县	主要领域
核心区	青羊区	飞机整机、飞机大部件、飞机改装和机载设备研发制造
航空产业园	高新区	无人机、航电设备、航空零部件和北斗导航设备研发制造
	新都区	航空发动机和燃气轮机系统研发制造，聚焦大型发动机、中小通用发动机、无人机发动机三大领域，推进"航空发动机+整机制造+配套产业+衍生产业"的航空产业链发展
	双流区	中小推力航空发动机研制、航空维修和运营服务
	彭州市	航空发动机维修与再制造
	金堂县	通航机场、通用航空制造、运营及服务

---

① 周胜兰."大飞机"入川［DB/OL］. 大飞机，https://wenku.baidu.com/view/a643d3ae48649b6648d7c1c708a1284ac9500515.

② 攀枝花市经济合作局. 四川航空与燃机产业投资促进分析报告［DB/OL］. tcj，http://www.panzhihua.gov.cn/tzfw/tzzn/tzdx/797119.shtml.

区域定位	区市县	主要领域
航空拓展区	新空港产业功能区	在建
	天府国际创新中心	在建

资料来源：范坤鹏，范坤鹏. 成都航空产业今年将引进整机制造项目［N］. 成都报道，2018－01－19.

如表3－2所示，66个产业功能区中，共有7个产业功能区与航空经济有关，包括淮州新城智能制造产业园、简阳空天产业园、新都高新技术产业园、成都航空动力产业园（彭州）、成都双流航空服务业集聚区、成都天府国际空港新城、成都通用航空服务业集聚区。

表3－2　　　成都市66个产业功能区涉及航空产业的园区

序号	产业功能区	发展重点
1	淮州新城智能制造产业园	通用航空装备及关键部件；航空运营、维修、租赁、文化等生产性服务业。简州新城现代装备产业园：航空飞行器及关键部件、系统
2	简阳空天产业园	卫星综合运用，运载火箭总装，航天器控制系统研制，航天材料航空飞行器，航空电子等机载设备，智能制造装备、航天服务、科技等生产性服务业
3	新都高新技术产业园	航空发动机及零部件研发制造，燃油测控系统、发动机点火系统
4	成都航空动力产业园（彭州）	航空发动机维修和关键零部件制造、通用航空器组件部件制造
5	成都双流航空服务业集聚区	重点发展民用航空（基地航空、航空维修、公务机运营基地、临空总部）、供应链综合服务（现代物流、电子商务、供应链金融）、保税贸易（保税制造、保税维修、保税文化、国际游乐）等临空自贸高端产业
6	成都天府国际空港新城	临空现代服务业、智能制造业、新经济及前沿产业
7	成都通用航空服务业集聚区	建设成为面向西南地区通用航空运营服务中心、全国通用航空旅游和职业教育示范基地、中西部地区通用航空综合服务枢纽、中国低空旅游创新发展高地

资料来源：成都国家中心城市. 成都市产业发展白皮书2017［M］. 西安：电子科技大学出版社，2017.

2. "一市两场"① 航空枢纽引领中西部地区

（1）枢纽经济优势初显，对外开放引领中西部地区。成都是中西部地区唯一拥有"一市两场"的城市。双流机场周边拥有综保区和空港保税物流中心（B型），是国家一类开放口岸，也是中西部首个实施72小时过境免签和提供7×24小时通关服务的机场，现已实现与全省海关口岸一体化通关。② 在口岸体系方面，成都已获得进境植物种苗指定口岸、药品进口口岸、进口冰鲜水产品指定口岸、进境食用水生动物指定口岸、进境水果指定口岸、进境肉类指定口岸6大口岸资质，依托中西部地区唯一开通直达美国和非洲、拥有最多欧洲和中东航线的双流机场，成都已建成进口酒食品展销中心、国际快件中心等对外开放平台，加之四川省获批国家第三批自贸试验区，成都航空枢纽的平台优势引领中西部地区。2017年，成都双流机场实现客运量全国第四，货运全国第五，开通109条国际航线，年运输国际旅客超过500万人次。2020年建成并投运的天府国际机场，为成都构建起"一市两场、国际多直达、国内强覆盖"的航空运输体系。③

（2）临空经济加快发展，示范带动作用明显。成都是全国第七家、中西部地区第三家获批国家级临空经济示范区的城市。依托成都高新综合保税区双流园区、西航港经济开发区、成都国际航空枢纽综合功能区、临空服务业园区四大产业园区，成都临空经济示范区初步形成了以航空制造、电子信息、生物医药等为代表的高端制造业和以航空物流、航空维修、空港贸易服务等为代表的临空服务业体系。④ 截至2017年，成都双流国际机场周边已有8家基地航空公司、7家全球100强物流公司和8家全国100强物流公司。随着双流国际机场附近临空指向性产业的不断加强，临空关联性产业和引致性产业的不断集聚，成都临空经济实力随之逐步增强，为

① "一市两场"指一个城市拥有两个机场。
② 成都双流签约9大临空产业，总投资额逾17亿元［DB/OL］. 成都协创，https：//mp. weixin. qq. com/s/7uhDuvgHnwrngXi8DaBJxQ.
③ 强化使命意识和责任意识全力建设国家级国际枢纽空港城市. 成都商报，https：//news. sina. cn/2016 – 05 – 25/detail – ifxsktvr1237256. d. html? from = wap.
④ 罗子欧. 双流高质量建设国家级临空经济示范区［N］. 四川日报，2018 – 08 – 01.

成都临空经济示范区的打造提供了强有力的产业支撑。[1]

（3）通用机场加快建设，市场潜力初步释放。通用航空机场建设方面，成都已拥有 1 个通航机场以及 1 个二类直升机机场。按照《四川省通用机场布局规划（2016～2030 年)》，未来将在金堂、崇州、都江堰、龙泉驿、郫都新建 2 个二类及以上通用机场和 3 个三类通用机场（含起降点）。其中，成都（金堂）通用航空机场是成都唯一获得军方、民航等单位批复同意的一类通用机场，也是国内少有的水陆两栖通用机场，未来将打造成为中西部通用航空枢纽。[2]

在通航产业发展方面，四川是西南地区拥有通航企业最多的省份，通航企业占西南地区总量的 40%，市场潜力大。拥有中国民航飞行学院总部、中国民航飞行学院新津分院、四川西南航空职业技术学院等高校，为中国航空产业培养众多飞行、空乘、地勤、飞机机电设备维修等各类人才。空中管制方面，成都拥有川大智胜等我国空中交通管理领域领军企业，已具备低空管理与监视系统研制能力。通航运营服务方面，成都拥有四川驼峰、四川宇翔和中国民航飞行学院新津分院等 12 家重点经营性通航企业、飞行培训机构，运营服务范围涉及全省涵盖航空物测、航空摄影、航空护林、航空运动、飞行训练和航空旅游等领域。[3] 未来成都将建设成为国际知名、国内一流、西部领先的通用航空综合示范区，推动形成完善的成都通航制造、通用机场建设、通航产业功能布局规划体系，形成涵盖通航产业全链条的系统政策支撑体系。[4] 2018 年 8 月，戴德梁行、泛美集团、爱飞客控股、湖南山河科技、北京航空航天大学等 19 家企业和行业协会与金堂县签订投资合作协议 20 个，涉及通用航空、军民融合、投资平台等多个领域，协议引资 123 亿元，共同助力成都建设国家级通用航空产业综合示范区。

---

① 罗向明. 深度｜国家级临空经济示范区落子双流的 N 个理由［DB/OL］. 川观新闻, https: //cbgc. scol. com. cn/news/22133.

② 丁宁. 成都将再添一个新机场［N］. 华西都市报, 2020 - 10 - 16.

③ 成都市经济和信息化委员会. 成都市通用航空产业三年行动计划［R］. 成都市经济和信息化委员会官网, http: //www. xilinft. com/news - view. aspx? ContentID = 101&t = 16.

④ 张雅乔. "通航热"下，"起飞难"待解［DB/OL］. 商周刊, https: //mp. weixin. qq. com/s/zrxwp_d - KswODIryLrIdWw.

3. 航空经济重视程度不断提升, 迎来多方协力支持

（1）市级规划政策出台, 谋划航空产业发展。2010 年以来, 成都市高度重视航空经济的发展, 出台了《成都市航空航天产业发展规划（2016 – 2020）》《成都国家通用航空综合示范区实施方案》《成都市通用航空产业三年行动计划》。在《成都制造 2025 规划》中, 成都市将航空产业确定为未来十年突出发展的重点产业。在系统推进全面创新改革试验的过程中, 成都市提出构建 "1 + N" 的军民融合产业发展体系, 其中这个 "1" 就是航空产业。

（2）获批多个试点示范, 未来发展机遇巨大。2017 年 1 月 4 日, 国家发展改革委印发《关于建设通用航空产业综合示范区的实施意见》, 成都市入选首批 26 个通用航空产业综合示范区之一, 未来将围绕促进制造水平升级、加快通用航空机场规划建设、促进产业融合与协同发展和推动改革政策先行先试等重点任务, 加快建设国家通用航空产业综合示范区。2017 年 3 月 3 日, 国家发展改革委、中国民航局正式批复设立成都临空经济示范区, 示范区将着力打造具有全国示范效应、引领带动中西部地区开放发展的临空经济创新高地、临空高端产业集聚区、内陆开放先行区和新型生态智慧空港城。2018 年 1 月, 四川获批由四川省政府牵头、军民航和当地公安部门共同参与的低空空域协同管理改革试点。

3.1.2 成都航空经济发展劣势（短板及痛点）分析

1. 成都航空经济发展的短板

（1）民用整机领域缺失导致产业集成能力较弱。航空是一个高准入门槛行业, 其高端部分被少数大企业尤其是整机制造商牢牢控制, 具有向下游各企业进行项目分包的决策权, 其他企业介入难度大、周期长、风险高。成都拥有大量的航空制造企业, 但在市场拓展、区域选择、发展方向等方面, 企业自身几乎没有太大自主权, 且行业发展相对封闭, 地方参与程度也较差。从民用航空看, 成都没有集成总装, 产业链中的企业普遍以基础零部件加工为主, 企业关键核心部件技术基础扎实, 但受限于上游需

求有限，企业做大存在较大困难，不能有效吸附二级、三级配套企业落户，无法占据产业的高端核心位置，无法掌控产业发展的主导权，经济发展效益难以稳定。以 2017 年一季度航空制造产业效益为例，受海特高新、亚美动力（主导产品某型航空动力控制器产品适配机型缩减）、航利航空（5719 将军品业务转移）、成飞电子（前期一直为歼 7 机型，受机型停产影响加之未拿到新项目订单）等上游需求影响，19 家规模以上航空装备企业实现工业总产值 4.5 亿元，同比下降 7.6%。同时，整机领域缺失，还导致航空经济产业链条之间"割裂"现象明显，看似成都有发动机、机头机身、航电设备、地面设备、航空零部件等各个环节、板块企业，但受军工企业条块分割以及缺乏具备主导能力的总装企业，企业之间的产业链关联度不高，更多是"舍近求远"，为主制造商企业提供服务和转包制造。

（2）通航制造发展步伐滞后于国内同级城市。成都市通用航空产业正处于起步发展阶段，存在亟待解决的困难和问题，主要体现在通用航空整体能级和层级偏低。从通用航空制造来看，成都通航产业更多集中在零部件配套领域，尚未有全国知名的通用航空整机企业以及符合市场需求的整机产品，与西安、武汉、重庆等中西部城市比较，具有一定差距。其中，西安经过过去 10 年的发展，已聚集了超过 110 家通航相关企业，业务涵盖通用航空全产业领域，试点园区驻场飞机已超过 100 架，并于 2011 年获国务院批准成为中国国际通用航空大会的永久会址。武汉已有企业在水上飞机领域布局，2017 年世界飞行者大会期间，中国宏泰产业市镇发展有限公司与武汉开发区签约，拟投资 93 亿元建设华中地区水上飞机总部运营基地项目。重庆通用航空产业几乎从零起步，初步形成了通用飞机量产能力，在全国范围内初步确立"重庆造"通用航空产品的行业地位和影响力。从通用航空运营来看，成都通用飞机和运营企业数量少，规模小，发展水平低，更多集中在观光型低空旅游领域，全省也将布局 35 个观光低空旅游基地。但客观而言，观光型低空旅游的市场尚未打开，都江堰景区的直升机观光旅游在"爸爸去哪儿"节目之后，基本处于停滞状态。

（3）临空产业价值链低端化问题较为明显。当前成都市临空产业价值链低端化问题较为明显，临空产业产值和税收绝大多数依赖于航空枢纽服务业，国航、东航等 7 家基地航空公司以及中航油、中航材、机场集团等驻场公司占比达90%以上。具体而言，航空客运产业方面以旅客输送服务为主，而巨大旅客吞吐量带动的临空国际商贸发展缓慢；航空货运产业方面仍然大多集中于简单的仓储、中转、分拨环节，企业多为劳动密集型企业，冷链物流、跨境物流等价值链高端环节发展不足。

与此同时，与航空客运量逐年提升形成鲜明对比的是，成都航空货运存在着缺乏基地货运航空公司、国际货运航线少、航空货运中转量小等诸多短板。一方面，成都货运总量虽然排名上海、北京、广州、深圳之后，居第五位，但与前四位均超过百万吨量级的水平来看，成都货运总量规模较小。另一方面，成都国际航空货运严重不足，国际货邮量被重庆和郑州两个城市反超。2016 年，成都国际航空货邮量为 9.8 万吨，仅占全部货邮吞吐量的16%。相较而言，重庆国际航空货邮量则达到 12.4 万吨，占重庆机场全部邮吞吐量的 34.3%，郑州国际航空货邮量为 27 万吨，占比达到 60%。由此可见，成都作为中西部航空货运枢纽地位受到严重挑战。[①]

（4）本土主基地航空公司承运能力有待提升。主基地公司实力需提高。航空枢纽建设关键取决于机场与各基地航空公司在驻场运力、枢纽航线网络建设、国际国内航线网络等方面的合作力度。但成都主基地航空公司在机场运量中所占份额不足，且国际航线与国际客货业务量还相对较少，无法起到枢纽主导作用。按照国际惯例，枢纽建设的基地公司市场份额要在50%以上，而成都机场的基地公司国航、川航两家航空公司距此还有不小差距。

从国内外经验来看，如表 3 - 3 所示，大型枢纽机场一个重要特征就是一两家主基地航空公司占据50%以上的市场份额，特别是亚特兰大机场客运市场份额高度集中，仅达美航空一家市场份额就达到了74.4%，而孟菲斯货运市场份额集中度更是达到了惊人的99.04%。其他城市的机场如香港、仁川、樟宜等虽然没有像美国那样的集中度，但基本上 3 家航空公司的市场份额就达到了50%以上。有较高的集中度，中转运输才成为可

---

① 21 世纪报道. 首批美国樱桃直航成都，西部国际航空货运市场群雄并起 [DB/OL]. 21 世纪报道，http：//www. fjtd - logistics. com/show. asp? id = 3443.

能，而且集中度越高，中转规模就越大。① 从客运方面来看，成都双流国际机场周边已有 8 家基地航空公司，市场竞争十分激烈，最高的国航市场份额仅为 28%，而且本地的川航和成航实力相对较弱，2017 年两者市场份额合计仅为 23%，航空承运能力有待提升。另外，成都双流机场缺乏基地货运航空公司，使得国际货运航线少的问题突出，这在一定程度上也是成都航空货邮吞吐量一直难以获得大规模提升的重要原因之一。

表 3－3　2015 年国内外大型枢纽机场航空公司客货运市场份额

机场	主要客运航空公司		主要货运航空公司	
	公司	市场份额合计（%）	公司	市场份额合计（%）
亚特兰大	达美（74.5%）、西南（9.41%）	83.91	Fedex、Delta、UPS	90.7
孟菲斯	Delta（28.8%）、西南（17%）	45.8	Fedex	99.05
香港	国泰港龙	49	国泰港龙	51.2
仁川	大韩航空（28.4%）韩亚航空（22.7%）	51.1	大韩航空	75
浦东	东航上航（合计35.05%）、南航、吉祥、国航、春秋等10家	66.4	中货航、东航、国航、南航等10家；（东航上航、中货航合计19.2%）	51.4
洛杉矶	美国航空、美联航、西南航空等10家	73	Fedex、大韩航空、国航等10家	55.82
成都	国航（28%）、川航（19%）、东航（13%）、南航（9%）、成都航空（4%）	73	无基地航空货运公司	

资料来源：景州．浦东机场世界级双枢纽建设初探［J］．空运商务，2016（10）：24－29．

---

① 景州．浦东机场世界级双枢纽建设初探［J］．空运商务，2016（10）：24－29．

（5）政策创新性、针对性与吸引力不强。国内航空经济正处在起步发展阶段，内生发展能力不足，是典型的政策驱动型产业，政策的创新性、针对性和吸引力在很大程度上决定了航空经济发展前景。从政策的创新性来看，成都更多以产业规划的形式出台了一些规划文件，缺少更加契合企业主体发展要求的产业政策。从政策的针对性来看，成都航空制造领域企业可享受的政策，包括《关于加快发展先进制造业实现工业转型升级发展若干政策的意见》《成都市促进五大高端成长型产业发展的若干专项政策》，缺乏直接针对航空产业发展聚焦的支持政策。从政策的吸引力来看，在相关配套的产业扶持政策落地和与投资项目对接的过程中，由于项目申报门槛，投资项目建设的周期等原因，导致部分产业政策呈现"看得到，却得不到"的现象。比如对研发、技改经费及相关产业专项资金，在申报、审批时执行的"一个企业一年内只能享受一次同类专项扶持资金"规定，"研发、技改类申报项目前一个未竣工，新的项目不能申报"的规定等。这些政策对企业敢投资、多投资好项目的积极性有消极影响，使政策的吸引力大幅降低。

2. 成都航空经济发展的痛点

（1）优越的军工资源尚未转化为产业发展动力。成都的航空制造业集中在军机领域，军强民弱特点突出，军民融合程度不高，丰富的军工资源尚未转化为产业优势。一方面，军工单位在科技成果转化、技术辐射带动等方面的作用发挥不充分，与地方企业尤其是民营企业融合发展的成效不明显。军工单位以承担国家任务为主，而民间企业长期在体制外运行，导致企业间协同协作、专业板块间融合发展不足，在设计、研发、试验、制造、维修等方面的能力和优势资源未能有效整合。另一方面，军工企业之间受限于体系内部、各集团间企业的分工布局，跨企业的资源整合不力。

（2）低空空域条件复杂，通用航空发展受限。成都空域复杂，除民用"一市两场"之外，还有若干民航训练机场，复杂的空域条件在很大程度上制约航空制造业尤其是整机制造业的发展空间。其中，成都近管制区内有成都双流、温江、邛崃、彭山、太平寺、凤凰山、夹江、广汉、新津共计9个军民航机场。成都双流机场西北侧有温江空域，西南侧有邛崃空域，东北侧有绵阳空域，东南侧有大足和白市驿空域，飞行学院训练空域和军民航训练航线遍布四周。在空域受限的情况下，很多航空制造企业难以获得试飞允许，一些无人机制造企业不得不"舍近求远"，选择到陕西开展试飞测试。

（3）人才培育能力影响航空经济高端发展水平。航空领域专业技术人才培养门槛高，全国集中在北京航空航天大学、南京航空航天大学等高校院所培养，成都相对缺乏航空领域的相关学院、专业。如表3-4所示，从专业设置来看，由于历史原因，我国航空航天院校分布在全国多个省市，大致可分为3大类25所，其中成都仅有四川大学开设的空天科学与工程学院以及电子科技大学的航空航天学院，而位于新津的民航飞行学院分校，更多是针对飞行训练展开的。对比而言，西安既有技术科研类的西北工业大学，又有空军工程大学、西安航空学院、西安航空职业技术学院等院校。因此，成都的航空人才，特别是涉及航空产业领域人才培养体系相对较弱。

表3-4　　　　　　　　　　我国航空航天类院所名单

特色类别	所在城市	学校
技术科研类	北京	北京航空航天大学、北京理工大学
	南京	南京航空航天大学、南京理工大学
	西安	西北工业大学
	沈阳	沈阳航空航天大学
	南昌	南昌航空大学
设有相关专业的大学	西安	空军工程大学
	上海	上海交通大学
	杭州	浙江大学
	厦门	厦门大学
	长沙	国防科技大学
	成都	四川大学、电子科技大学

特色类别	所在城市	学校
民航类	天津	中国民航大学
	德阳	中国民用航空飞行学院
	广州	广州民航职业技术学院
	郑州	郑州航空工业管理学院
	桂林	桂林航天工业学院
	西安	西安航空学院、西安航空职业技术学院
	成都	成都航空职业技术学院
	安阳	安阳职业技术学院
	张家界	张家界航空工业职业技术学院

资料来源：根据各航空航天类院所网络资料整理汇总。

从适应国内航空经济发展趋势来看，21世纪以来，国产大飞机、运输机成为国家战略项目，在此背景下，国内传统航空高校西北工业大学、北京航空航天大学和南京航空航天大学都相继设立了针对性很强的"大飞机班"和新兴的"适航"专业，一些知名高校也相继设立飞行器专业或学院，例如上海交通大学、厦门大学和复旦大学等将原力学系、机械系等合并成立航空航天学院，投入大量师资力量进行人才培养。而四川省内高校针对专门适应航空经济的专业调整不多，航空专业领域的人才不得不委托省外高校培养。

3.1.3 成都航空经济发展潜力分析

1. 中航工业集团全国布局核心城市，可争取国家航空重点项目

成都是20世纪70年代国家国防科技三线建设的重点城市，也是中航工业集团全国布局的核心城市之一。航空制造业与国家的战略布局和大力支持密不可分，特别是中航工业集团对国内航空制造业总体布局有重大影响。成都依托已有中航工业集团的基础资源，积极对接国家在航空工业的战略布局导向，争取国家重大航空项目或者由国家主导的国际

合作航空重大项目在成都落地，以此来推动航空制造产业的集聚与规模化发展。

2. 较为完整的航空制造产业链有利于打造航空产业生态圈

成都与西安等老牌航空制造强市以及上海、天津等新兴民用飞机制造强市相比较而言，拥有相对较为齐全的航空制造产业体系，已形成集航空发动机研发设计与制造、战斗机整机制造、航电系统设计、大飞机集体制造、地面及空管设备研发制造、航空维修、航空教育培训等较完整的航空制造产业链，是我国重要的民机大部件国际转包生产基地、航空维修和再制造基地以及工业级无人机研发生产基地。[①] 较为完整的产业链是成都结合国家航空战略布局与重大项目大力发展航空制造产业、构建航空经济产业生态圈的重要基础资源。

3. 良好的先进制造业发展前景与航空经济的发展相辅相成

随着国家宏观战略的调整与实施，成都已成为新时期的国家中心城市，也是国家西南地区发展势头最为强劲的城市。2016 年，成都规模以上工业增加值增长 7.4%，已形成电子信息、汽车、机械制造、食品、金融、旅游六大千亿元产业集群。以生物医药、航空航天、轨道交通、新材料为代表的战略性新兴产业近年一直保持以两位数以上的增长速度。2016 年战略性新兴产业与先进制造业分别占工业总产值比重达到 31% 和 43%，先进制造业与新兴产业发展态势良好。在建设国家中心城市过程中，先进制造业与新兴产业是成都未来产业发展的重点方向，航空制造业作为集聚多学科多领域先进制造技术的战略高新技术产业，与成都国家中心城市现代产业体系的构建紧密相关，先进制造业、新兴产业的发展与航空制造业的发展相互促进。

4. 国家一流的创新环境与国际合作能力赢取航空产业全球合作机会

国际航空制造业呈现明显的全球合作与创新发展趋势，以波音和空客为首的民用飞机制造世界寡头为了降低生产成本与提高创新效率，在全球

---

① 华西都市报记者. 成都今后可维修 C919 "大脑" [N]. 华西都市报，2016 – 11 – 03.

进行国际合作与布局。我国的 C919 大飞机制造也采用了全球采购的模式
发展。良好的创新环境与国际合作能力将是赢取航空产业国际合作的重要
前提。成都作为国家中心城市，在国际会议、外企数量、科研机构与实验
室、高等教育、宜居环境、生活文化等方面走在全国前列，是我国著名的
宜居城市，在创新环境和国际合作方面具有明显竞争优势。

5. 国际航空枢纽建设将催生临空经济巨大潜力

随着成都天府国际机场的建成运营，成都成为我国四大国际航空枢
纽之一，是国家西部最大航空枢纽与货运枢纽。天府国际机场开通后，
成都的客运总量在 2035 年将达到 1.6 亿人次，货运吞吐量达到 400 万
吨，成都也将跨入亿（人）级超级航空枢纽行列。临空经济的发展与航
空枢纽的能级正相关，因此，国际航空枢纽的建设是成都发展航空经济
的核心竞争力，通过航空枢纽能级的提升，将有效推动成都临空经济的
发展。

3.2 对标案例研究

3.2.1 航空制造（飞机总装）带动航空经济发展对标案例——图卢兹

图卢兹位于法国的西南部，距巴黎 700 多公里，南邻西班牙，中
心城区人口 40 万，市郊人口约 30 万人，是法国西南部比利牛斯大区
的首府，法国第四大城市，面积 118 平方公里，是欧洲航空航天产业
基地。

区位优势和良好工业的基础使图卢兹成为欧盟航空产业战略选择的理
想之地。早期航空器的使用主要集中在军事领域，飞机制造需要一个远离
战线的安全地点。图卢兹地处大西洋和地中海之间，是法国交通枢纽之
一，铁路交通便捷，适于大型零部件运输，同时图卢兹在 19 世纪就在充
分利用比利牛斯的水力和拉克的天然气，并借助兴建的铁路，大力发展制
造业和化学工业，工业基础雄厚，较早开启的工业化进程为图卢兹的航空

工业发展奠定了坚实的基础。① 安全的地理位置、良好的交通条件以及良好的工业发展基础使图卢兹成为欧盟航空制造战略布局的核心城市。

图卢兹航空制造产业全球地位是欧盟大力支持的结果。1962 年，法国航空航天公司与英国飞机公司合作在图卢兹研制完成第一代超音速民航客机协和号；此后德国、法国又于 1967 年开始合作进行空中客车 A300 的研制，并于 1970 年 12 月成立空中客车集团，总部就设在图卢兹。其间法国又从政府层面推动大型航空航天功能机构和相关企业向图卢兹集聚，包括法国航空航天中心、国家气象中心、国家航天研究中心等高能级研发机构，法国国立民航大学（ENAC）、法国航空航天大学（ISAE）、法国国立机械与航空技术大学（ENSM）等顶级学府，以及空客军机总部、达索航空、达索战斗机制造总装基地和摩托罗拉、汤姆森、西门子等国际知名企业公司。

航空科研教育生产一体化保障航空制造持续领先发展。图卢兹拥有 4 所大学、25 所高等学校以及 400 多家研究机构，研究人员人数超过 1 万人。各院校为培养航空领域复合型人才，制定积极的科研政策，与研究所、企业建立战略合作，采取教学与研究并行的方式培养学生。同时，各航空航天类大学与航空航天企业在校区和厂区建设上相互融合，进一步促进产学研的结合。

航空文化带动城市文化旅游业发展。航空制造的成熟发展孕育了图卢兹的航空文化，多样化的航空主题景点吸引了大量游客。图卢兹建有太空城、航空发展博物馆，图卢兹布拉涅克机场周围更分布着 29 个景点。据统计，图卢兹每年接待游客达到 7 500 万人次，而仅在空客生产总装基地，近一个半小时的 A380 组装下线首次试飞观光项目，一次就吸引了数十万游客预订并参观。

启示：对于成都来说，成都在西南地区具有良好的腹地资源，同时集聚大量军工企业，能够为航空产业发展提供良好的工业研发与生产基础，有利于大型航空产业项目的布局；成都应注重国际、国内城市区域间、军民企业间在航空研发、飞行器试飞、零部件制造等方面合作，延长航空制造产业链条，促进技术转化，提升航空制造水平；在航空研发方面，成都

---

① 熊竟. 法国图卢兹缘何被称作欧洲宇航之都［DB/OL］. 澎湃新闻, https://news. sina. com. cn/o/2018 – 01 – 16/doc – ifyqqciz7964106. shtml.

应积极争取国内航空类院校、研究机构的入驻，参与航空科研项目研发，提升航空产业的科技研发水平。

3.2.2 通用航空制造对标案例——蒙特利尔

蒙特利尔航天航空产业发达，特别是通用航空飞行器制造产业，是继西雅图、图卢兹之后的世界第三大航空产业集群，集中了魁北克97%的航空航天活动以及加拿大航空航天产业约70%的研发活动。蒙特利尔现有200多家航空航天企业，其中包括世界第三大民用飞机制造商以及全球领先的支线喷气飞机制造商庞巴迪，全球领先的民用飞机、通用飞机、支线飞机和直升机发动机制造商加拿大普惠公司，全球领先的飞行模拟器供应商CAE，大型直升机制造商德事隆贝尔加拿大直升机公司4家大型骨干企业，Héroux-Devtek等10家一流的设备集成、制造、维护检修企业以及170余家分包供货企业。具备通用飞机整机、模拟机及发动机等核心部件的生产能力，且其80%的通航产品用于出口，拥有大量的国际市场需求。蒙特利尔大区是全球为数不多的、在30公里半径内就可以找到供一架飞机所用的几乎所有必要零部件的城市，其航空产业的聚集度之高、布局之广、产业链之完整，令世界其他城市难望其项背。2015年，魁北克省航空航天产业年销售收入155亿加元（约806亿人民币），创造4万多个就业岗位，80%产品用于出口。若仅以航空业产值计算，蒙特利尔是仅次于西雅图的世界第二大航空城。[①] 蒙特利尔在通用航空领域的发展经验主要集中在以下四个方面。

（1）便捷的综合交通和良好的市场条件。航空产业的产业链很长，一架飞机所需零部件动辄数十万个，甚至上百万个，上下游供应商数量极其庞大，只有便捷、高效的交通物流设施，才能保障飞机零部件等材料的及时供应。世界著名的航空产业聚集区，如西雅图、图卢兹、圣若泽杜斯坎普斯等均拥有发达的海陆空立体交通网络。就蒙特利尔而言，其海陆空交通十分便利。蒙特利尔港全年开放，是加拿大最繁忙的港口之一，是北美工业中心与北欧及地中海市场之间最直接的多式联运枢纽。而在航空方

---

① 曹用. "航空之都"的禀赋——加拿大蒙特利尔航空产业发展的启示［J］. 大飞机，2013（6）：44-47.

面，蒙特利尔坐拥加拿大航空公司、加拿大越洋航空公司总部，是加拿大最重要的航空枢纽城市之一。值得一提的是，20 世纪 90 年代《北美自由贸易协定》签署后，美国和加拿大之间无明显的市场、技术、关税壁垒，人员及生产要素流动更加自由。对于蒙特利尔的航空企业而言，这不仅有利于获得美国相关机构的质量认可，也便于直接接触美国民用和军用订单的提供者。

（2）政府的大力支持和引导。航空产业投资额度大、回报周期长、风险系数高，缺乏政府的支持和政策保障难以有效发展。一个不争的事实是，世界知名航空企业无不是在政府的强力支持下发展起来的。一般而言，政府对航空产业的支持和引导有多种渠道和不同的形式，如政策扶持、融资支持、税收支持、技术支持等。在不同时期或不同情境下，政府可有多种选项。就蒙特利尔而言，近年来，为提升航空企业的竞争力，政府采取了一系列扶持政策。以税收政策为例，根据毕马威（KPMG）的一项比较研究，蒙特利尔是北美地区企业税最低的城市之一，这意味着该地区航空企业拥有较低的运营成本。

（3）合理的产业层级和结构布局。与一般制造业相比，航空产业的层级和结构宽度要复杂得多。只有不同定位、层级的企业合理聚集，互为补充，相互促进，形成较为完整的产业链，才能达到减少流通成本，发挥群体合力的叠加效应。[1] 蒙特利尔的航空产业集群主要由三类公司组成：一是总承包商和飞机维修中心，二是设备制造商，三是子承包商和特种产品、服务提供商。[2] 蒙特利尔不仅有以庞巴迪、CAE、加普惠等为代表的多家世界级总承包商和设备制造商，也聚集了一大批配套子承包商。蒙特利尔航空产业链中的子承包商和特种产品、服务提供商超过 200 家，主要从事扣件、切割刀具、舱室、复合材料的生产以及金属处理、部件加工、航空电子设备制造等业务。这类规模不大、看似不起眼，但却"精而专"的小型公司，对于完善蒙特利尔的航空产业链发挥了重要作用。

（4）强大高效的智力支持平台。航空产业是一个多学科交叉、多专业综合的技术密集型产业，只有依托雄厚的科研院所，打造强大的智力平

---

① 曹用. "航空之都"的禀赋——加拿大蒙特利尔航空产业发展的启示 ［J］. 大飞机，2013（6）：44 - 47.

② 陈绍旺. 国外航空城发展的经验与启示 ［J］. 国际经济合作，2009（4）：28 - 32.

台，实现产学研一体化良性互动，才能推动航空产业高效、可持续发展。在这方面，蒙特利尔也拥有得天独厚的优势。2012年，蒙特利尔拥有11所大学，其人均拥有的研究中心数量在加拿大排名第一，在北美地区排名第四。蒙特利尔共有麦吉尔大学、康科迪亚大学、蒙特利尔大学和魁北克大学4所世界级大学。这些大学都设有航天与航空工程、工业与管理工程等与航空相关的专业，并开展相关的培训项目，培养了大量的航空专业人才。

启示： 在航空制造方面，成都迫切需要加大支持力度，引入或者培育通航制造核心企业，从全产业链出发，以成都为中心，联合周边城市，构建通航制造产业链，形成层次分明、互为补充、相互促进的较为完整的产业链，以整体优势参与国内通航制造领域的竞争与合作，同时加大与科研院所、高校的联系，鼓励省内高校设置通航领域专业，为全市通航制造的发展提供智力和人才支撑。

3.2.3 航空运输与航空运营服务产业发展对标案例——阿姆斯特丹

阿姆斯特丹史基浦机场有"欧洲商业界的神经中枢"的美誉，它的发展带动了阿姆斯特丹区域经济的发展，是全球航空枢纽带动航空运输与航空运营服务及临空经济发展的典型代表。

史基浦机场位于荷兰阿姆斯特丹市西南部15公里，该机场拥有6条跑道，104家航空公司在其内运营，拥有全球326条航线。2017年史基浦机场飞机起降49.6万架次，乘客吞吐量6 840万人次，较上年增长了7.7%，是欧洲第三大客运机场，货物吞吐量180万吨，年增长5.4%。在史基浦机场周围，已经形成了涵盖物流业、航空业、时装业、金融业、旅游业、IT产业等的八大产业集群，拥有2 000多家国际跨国公司，间接带动荷兰17万~28万人就业，年均带动荷兰GDP增长110亿~260亿欧元。史基浦机场直接带动就业6万多人，机场周边拥有1 200多个商店。

史基浦机场前身为军用机场，1916年转为民用，二战以后，荷兰政府认为机场重建和推动经济发展关系密切，决定把重建史基浦机场的主导权纳入自己手里，于是成立了史基浦集团，中央政府控股76%，阿姆斯特丹市政府控股20%。史基浦机场也晋升为荷兰的国家机场。史基浦机场从1960年开始飞速发展，一共经历了三个阶段。

1960~1985年：城市门户，这个阶段主要建设公路铁路等交通设施，把机场与周边区域联系起来，机场逐渐成为一个综合交通枢纽。

1986~1996年："国家航空港"战略，把史基浦机场提升到与鹿特丹港并重的国家级主要对外港口，以机场为中心建立起了覆盖整个欧洲的交通运输体系。贸易、运输和货物分发配送等荷兰传统行业因为机场而再一次蓬勃发展。史基浦机场成为荷兰经济发展的引擎。1990年建成了第一个工业园区 Schiphol Rijk-Oude Meer，吸引了美国日本多家公司进驻。

1997年至今：航空城阶段。1995年，购物中心史基浦广场开业，史基浦房地产公司第一个建筑竣工，使得史基浦机场的服务从旅客扩展到普通市民。1997年，史基浦集团提出了航空城市的概念，要打造一个活力城区，把人、商务、物流、购物、信息和娱乐等要素融合，给旅客和企业提供全年无休的服务。如今史基浦机场周边已经陆续发展了近十个产业园区，还有许多园区在规划建设当中，与此同时，临空指向型产业的发展，带动了机场周边乃至于荷兰全境的居住、医疗、教育、交通等公共基础设施的升级。

史基浦国际机场的成功凸显出一个国际航空枢纽对于区域经济发展的重要作用，做好国际航空枢纽将有可能带动一个区域经济发展的腾飞，航空运输经济正在日益发挥经济驱动的重要作用。

启示：航空客货运规模是航空经济发展的基础。建立完善多样、便捷的综合交通体系，才能集聚更多航空及其他的产业。充分挖掘机场的价值金矿，把流量变现，增加非航经济收入占比。由机场牵头，发展周边的房地产，挖掘航空枢纽周边地区的地块价值。注重娱乐休闲等功能开发，把机场的服务对象从旅客扩大到周边的居民。临空经济区园区的高品质开发，提供多样化个性化服务，是吸引高端企业、人才集聚的重要条件。

3.3 成都航空经济发展关键措施判断

通过世界航空经济发展内在规律和发展格局分析、我国航空经济发展趋势判断以及成都既有航空经济领域发展优劣势分析，对成都航空经济短期内最有潜力且可较快见效的产业方向、领域、产品进行筛选，从而确定了以下三大领域合计六大关键措施。

3.3.1 航空制造领域

通过上文分析看出，航空制造业发展具有其独特的内在规律，其主体产业的发展壮大与世界航空经济大格局以及国家总体战略布局决策息息相关。对于成都这样一座国家传统航空工业布点城市来说，航空制造领域的发展具备较强基础，但是在全国的整体布局中会有怎样的定位变化，并不能单纯地通过产业发展或市场导向的分析得到，更要遵从国家整体战略布局安排。

因此，仅集合既有基础以及在全国相关领域的比较优势，在成都航空制造领域确定以下两大措施，作为下一阶段航空制造产业发展以及与成都城市经济发展相结合的重点方向：（1）积极融入国家大飞机战略，重点推动机头、航电、发动机研发和生产；（2）做强成都细分特色领域，以无人机、机场地面设备为突破点，进一步与成都相关产业相结合。

3.3.2 航空枢纽领域

作为全国第四个双机场城市，成都在航空运输产业领域潜力巨大。且在"建设国际综合交通通信枢纽"以及"2035 年建成泛欧泛亚具有重要影响力的国际门户枢纽城市""到 21 世纪中叶，成为可持续发展的世界城市"的"三步走"发展目标之下，大力发展航空运输产业，是未来成都每个阶段发展目标实现的重要支撑。

在充分挖掘成都航空运输产业潜力以及分析发展短板和痛点之后，本书将提升主基地航空公司承运能力确定为航空枢纽建设下一阶段的重要工作措施。

3.3.3　航空服务领域

通过与全国在航空经济发展中有一定基础的城市的横向比较分析看出，成都在航空服务领域有较好的发展基础，且在部分产业方向上有其独特的发展优势，航空服务领域发展潜力广阔，相较于航空制造和航空枢纽领域，从城市层面更具有发展突破的可能性，且可以有效地与城市既有产业相互衔接，融入整个城市经济发展范畴。

因此，结合成都在航空经济既有基础和成都"三步走"① 城市发展总目标要求之下，将建设泛欧泛亚有重要影响力的供应链枢纽城市、积极培育航空维修产业、大力发展航空培训产业，作为下一阶段成都航服领域的关键措施。

3.4　成都航空经济发展战略判断

3.4.1　成都发展航空经济的可行性分析

1. 从国家战略安全角度，成都有必要也有责任担负更大使命

航空经济发展凝聚了一个国家最先进的科学技术水平。我国航空领域的发展与西方发达国家还存在较大差距，随着我国综合国力不断增强，国家大力推动包括航空产业在内的战略性新兴产业发展。无论是夯实制造业基础还是全面提升国防技术水平，航空经济发展都起着举足轻重的作用。而全国层面的航空经济总体空间选点布局，更是影响到国家东西向纵深产业分工发展、整体国土安全格局的重大决策。

改革开放以来，国家各类型高端要素快速向东部沿海聚集，逐步形成由东及西推进态势。进入 21 世纪，单向开放、出口导向产业发展模式路径表

---

① 成都市委十三届一次全会相关内容。

现出的对外依赖问题越发严重。更重要的是，沿海地区既是对外关系密切、经济发达与工商业集聚的区域，也是战争多发或战争威胁地区，地缘政治风险高，而中西部则成为新的战略后方、资源基地和制造业基地。

出于更便捷高效的国际合作交流目的，我国航空产业的重点项目C919研制落户上海，但从国家整体战略安全角度来说，在中西部地区布局第二个重要的飞机研发制造基地，特别是以成都这样的既是中西部核心腹地又具备雄厚三线建设时期航空产业基础的城市作为选点，是远离沿海、实现内陆战略布局的重要选择。成都作为西部重要城市，拥有背靠祖国内陆、面向南亚东南亚前沿的战略地位优势，更应该担负起中华民族崛起在航空领域方面的使命。

2. 从成都产业经济角度，成都有条件也有基础拓展发展空间

如前文所述，一座城市如果希望以航空经济作为新的城市产业经济领域进行拓展，必须以具有干线飞机总装能力的航空制造或是具有国际客货运输能力的航空枢纽作为发展核心驱动力，并在多方面要素协同发展下，才可能实现。通过对成都优劣势以及竞争力的分析不难看出，成都在以下方面具有发展航空经济的基本条件。

（1）航空制造方面。成都具有较完整的航空研发制造和配套产业体系，已形成集飞机研发、设计、制造、测试和维修等于一体的较完整的航空装备产业链及航空维修与运营服务的能力。而航空制造能否真正能成为发展航空经济的驱动力，则要看未来成都是否有可能获得航空整装集成能力。这就要在国家航空制造业的整体布局之下，从省、市层面积极争取，引进国际公务机和大飞机项目，并力争C919和CR929项目布局成都。

（2）航空枢纽方面。成都双流机场在我国主要干线航空枢纽中处于中等水平。国家级国际航空枢纽天府机场投入使用之后，成都成为中西部地区第一个"一市两场"城市，航空枢纽能级将得到大大提升。成都航空枢纽在2035年将跨入亿（人）级超级航空枢纽行列。临空经济的发展与航空枢纽的能级正相关，因此，只要临空经济价值链能够得到不断提升，成都航空枢纽将成为航空经济发展的又一大驱动力。

3.4.2　成都航空经济发展前景判断

近年来，航空技术不断进步并且得到更加广泛地运用，大运量的飞机不断投入运营，全球航线密布、四通八达，使人们能够借助航空运输实现在全球各国和世界主要城市之间更加方便快捷地移动，形成密集的商务流。随着我国综合国力不断提升，中国的大航空时代已经到来，航空运输日益成为主流的交通方式，中国航空市场将出现迅猛增长，中国有望成为国际客运量增长最快的市场。我国的民航与全球最大的民航市场美国仍差距巨大，这也说明我国的发展空间非常巨大。在航空制造领域，全球航空业继续保持较高速成长，重心正在向亚太偏转，中国未来对干线飞机、支线飞机等需求空间巨大。未来 20 年有 6 000 架左右的新飞机，占全球市场规模 20% 左右，其中约 5 300 架为大飞机。

成都完整的航空产业链是成都结合国家航空战略布局与重大项目大力发展航空制造产业、构建航空经济产业生态圈的重要基础资源。民航运输和航空制造巨大的市场空间为成都发展航空经济提供了需求端的保障，为成都航空产业的潜力加速爆发提供了难得的机遇。

3.4.3　成都发展航空经济的战略意义

1. 发展航空经济是成都服务国家"一带一路"建设、促进开放发展的重要举措

"一带一路"伟大构想和合作倡议的提出，推动成都从内陆腹地成为开放前沿，成都成为距离欧洲最近的国家中心城市，在新时代肩负起建设承东启西、联通欧亚的西部国际门户枢纽的重大使命。在"一带一路"的新时代机遇下，按照党的十九大构建全面对外开放新格局的战略部署和习近平总书记四川视察重要讲话精神，成都市委、市政府做出"高水平打造西部国际门户枢纽、加快建设'一带一路'开放高地"的重要部署，将构建具有国际竞争力和区域带动力的开放型经济体系，全面提升成都在全国开放新格局中的战略地位。航空经济作为开放型经济的主要内容，代表着开放发展、创新发展、集群发展方向，有利于破除成都作为内陆腹地城市的开放通

道制约，强化"中国－欧洲中心""一带一路"交往中心等交往窗口作用，使"蜀道难"变为"全球通"；有利于整合强化天府新区、自由贸易试验区、国家自主创新示范区等战略平台，做强全球高端要素聚集功能；有利于航空制造、航空运输、航空服务以及衍生服务、引致产业汇集，打造新的开放型产业体系，形成成都建设西部国际门户枢纽、"一带一路"开放高地的重要支撑。

2. 发展航空经济是成都服务"一干多支、五区协同"区域协调发展新格局的重要组成

四川省委十一届三次全会提出构建形成"一干多支、五区协同"区域协调发展新格局，在四川区域发展历史上首次将成都定位为"主干"，前所未有地突出了成都在四川发展全局中的龙头地位和关键作用。随着四川省全面创新改革试验区、低空空域协同管理试点的不断推进，推动民用航空强枢纽，大力发展航空产业，成都将凭借航空制造优势基础和中国航空第四城的优势地位带动省内其他城市着力发展航空经济，这对提升成都在四川省的"发动机""稳定器"作用至关重要，将为治蜀兴川再上新台阶提供重要支撑。一方面，成都依托国际空港、铁路港"双枢纽"以及全省通航机场建设，以全球视野谋划国际战略通道建设，全力推动以天府国际空港为战略支点形成至周边城市的高铁交通圈、通航支线网络，以天府国际机场为枢纽带动全省人流物流快速融入全球交换互动网络。[①] 另一方面，德阳、自贡、绵阳等省内其他城市在航空电子、航空材料等航空制造领域及航空培训、教育等领域竞争力较强，成都则在军机研发制造、民机机头、航电系统、空管系统等领域具备优势，大力发展成都航空经济，有助于带动省内其他地市州航空相关产业发展，有助于提升成都航空制造企业与其他地市州相关行业、企业深度融合，做大成都在中国航空经济中的整体份额，形成聚集人才、资金、技术、信息优势的全省航空经济生态圈，从而主动为四川乃至西部地区开放需求提供共享平台和专业服务，带动区域发展。

① 刘畅. 成都：国家中心城市建设瞄准高质量［N］. 经济日报，2018－06－22.

3. 发展航空经济是落实新时代成都"三步走"战略提升城市能级的重大支撑

成都市委十三届二次全会做出全面开启新时代成都"三步走"战略发展新征程的重要决定，重点布局航空制造产业与航空枢纽建设，意味着航空经济将成为成都落实"三步走"战略的重大支撑。随着成都高标准全面建成小康社会，基本建成全面体现新发展理念国家中心城市，并将"五中心一枢纽"作为国家中心城市建设的核心支撑，航空航天作为六大主导产业核心区之一，空港新城作为三大现代服务业核心区之一，成为成都建设全国重要经济中心的重点组成部分，"一市两场"也成为成都建设国际综合交通通信枢纽、加快建设西部国际门户枢纽城市的重要空间载体。2035年，成都将全面建成泛欧泛亚有重要影响力的国际门户枢纽城市，全面构建"空中丝绸之路走廊"和"国际陆海联运走廊"战略通道，形成以成都为核心的亚蓉欧"空中丝绸之路 + 陆上丝绸之路"立体大通道体系，以成都为网络中心的国际航空大通道将全面构建。21 世纪中叶，成都将全面建设现代化新天府，成为可持续发展的世界城市，全面开放能力将大幅度提升，"三城三都"将全面建成，航空经济的引领和带动作用将进一步凸显。航空经济深入融合在"三步走"战略中，对每阶段目标的实现具备至关重要的作用。

4. 发展航空经济是成都高质量现代化产业体系的发展方向

2018 年 2 月，习近平总书记来四川视察，明确将"着力推动经济高质量发展"作为新形势下四川工作"五个着力"的重点任务之一，为成都推动经济高质量发展标定了前进方向。现代化产业体系是经济高质量发展的核心支撑和关键。成都经历改革开放 40 年的接续奋斗，已形成了以电子信息、汽车制造、航空航天、生物医药以及食品饮料等制造业为主导，以会展、金融、物流、文旅等服务业为支撑的产业体系，积累了经济外溢实力和转型发展的内在动能，然而仍存在资源环境约束趋紧、供给能力不强、全要素贡献率较低等制约，产业结构层次、发展动能、集群能力等"高质量因子"含量不足。航空经济具备创新要素集聚能力强、涉及产业门类全、相关产业链完备的综合优势，对成都先进制造业、现代服务业和新经济都具有极强的发展引领作用，将成为成都高质量发展的新引擎，推动成都建设具有国际竞争力和区域带动力的现代化产业体系。

3.4.4 成都航空经济发展的重点产业领域及产业方向判断

1. 产业筛选原则与技术方法

（1）主导产业的筛选原则。主导产业是在一定区域内，在劳动地域分工基础上形成的区域专门化生产部门，其具有较大的生产规模、较高的生产增长率、较好的经济效益、先进的技术水平、较强烈广泛的关联扩散效应。为成都航空经济发展筛选主导产业，需要综合考量国家政策、航空经济发展核心驱动力、城市基础条件与发展方向等要素，这也是成都航空经济主导产业选择筛选的基本原则。

符合国家政策引导。在进行主导产业的选择时应首先考虑选择国家宏观产业发展政策引导的产业类型。产业政策是国家制定的，引导国家产业发展方向、引导推动产业结构升级、协调国家产业结构、使国民经济健康可持续发展的政策，包括产业结构调整计划、产业扶持政策、财政投融资政策以及相关货币政策和项目审批政策。符合国家宏观政策的产业类型拥有更多扶持政策，其发展相较而言更易发展与壮大。

符合航空经济发展核心驱动力影响规律，主要指符合航空制造驱动和航空枢纽驱动两大驱动影响规律。在产业选择时，应重点选择在两大核心驱动影响下，直接衍生或直接关联的重点产业类型，这些产业类型更具发展空间和竞争优势。

结合成都航空经济发展基础条件。航空经济的主导产业选择需要充分结合航空经济发展的基础条件。航空经济发展的基础条件包括城市现有航空产业发展水平、航空枢纽发展水平、城市工业整体发展水平、城市创新环境、城市科技研发能力等。城市是各产业发展的空间载体，充分结合成都当地基础条件，是产业生存、发展和壮大的必要条件。

符合成都发展战略与发展方向。符合成都发展战略与发展方向主要指产业发展需求与成都高质量发展目标相结合，符合成都国家中心城市定位，促进建设世界城市。航空经济产业的发展始终应以促进成都整体发展为前提，因而在其主导产业选择时，应密切结合成都发展需要，与成都发展方向相契合。

（2）主导产业的筛选方法。主导产业筛选是在一定区域内就若干个产业进行多目标的抉择，包括经济目标和社会目标。结合前文的分析基础，制定基于政策因素、区域基础、市场条件的等维度综合考量的产业筛选方法，基于航空运输业、航空制造业、航空运营服务业、航空衍生服务业及航空引致产业等不同产业类型，针对不同的发展需求，拟订相应的指标体系，结合综合评分结果判断成都航空经济产业发展方向，如图 3 - 1 所示。

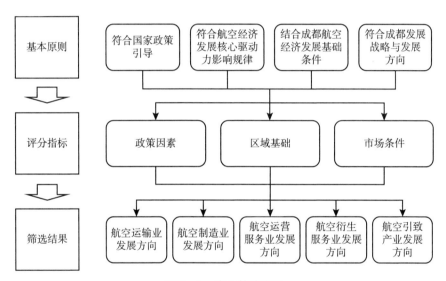

图 3 - 1　产业筛选方法

资料来源：自绘。

2. 产业筛选分析

综合国内外航空经济产业发展经验和产业体系，航空经济产业筛选对象主要包括五大产业类型：航空运输业、航空制造业、航空运营服务业、航空衍生服务业及航空引致产业。

基于上述产业选择筛选方法，设定航空经济产业发展相关的三个关键评价指标层：政策因素、区域基础和市场条件，并根据各个指标层的相对重要程度确定其比重，然后从各指标层共选取十个指标。

评判要素发展的相对状况，引用 1～5 等级标度法（其中，1～5 分别代表产业的某一指标的适应性为：差、较差、一般、较好、好），按照此评价标准，采用加权平均法计算各产业门类的综合评估价值，从而筛选出成都适宜发展的航空经济产业门。

3. 航空运输业发展方向：全面提升航空客货运能级

（1）全面提升航空运输业水平。抓住成都"一市两场"带来的容量释放效应，加快提升民航客货运输能力，尤其是通过引入基地航空公司、发展全货机航班、发展冷链航班等渠道，做大航空货运能力以及国际中转客货运业务。积极培育通用航空客货运和公共服务企业，提升通用航空服务水平。

（2）重点优化航空物流体系。依托综合交通网络优势，抓住各大物流企业进入成都市布局物流中心的机遇，结合成都的电子信息产业、生物医药产业基础，建设集多种方式于一体的多式联运体系，创新物流发展模式。以空陆转运为核心，以陆陆转运为辅助，突出航空物流产业价值链高端环节，以全球航空物流前沿趋势为导向，围绕航空快递、综合保税、冷链物流、电子商务四个重点领域，统筹资源，加强航空物流供应链管理。[①]

4. 航空制造业发展方向：重点推动五类产业发展

（1）着力突破通用航空整机产业。对于成都而言，航空经济的关键在于以总装求突破，将零散的航空研发制造企业整合起来。一方面，积极引进国外成熟的公务机、直升机、无人机等通用飞机制造技术与生产线，实现民机整机领域的突破；另一方面，寻求与中国商飞的合作，积极争取成为第二试飞基地与总装基地。

在通用航空整机产业方面，应发挥四川航空器整机设计、研发和制造优势，坚持自主发展与国际合作相结合，围绕军民融合的总体思路，按照"研发—制造—批量生产"的路线发展。一是以高端喷气公务机项目研发为核心，辅以引进成熟机型的组装建线和零部件转包生产。二是以发展

---

① 赵冰，曹允春. 多机场临空经济区差异化发展经验及对北京临空经济区的启示［J］. 企业经济，2018，37（2）：176－182.

1～2座轻型运动型飞机、2～4座轻型飞机为重点，打造通用飞机组装基地。三是工业级无人机，重点发展翼龙系列多用途无人机、小型中高空长时无人机、军民两用垂直起降固定翼无人机、适应电力巡线及农林业需求的小型无人机、警用低空无人机、通用气象无人机、高空高速靶机，打造无人机综合集成制造和运营基地。

（2）大力推进中小推力发动机研发及产业化。以国家重大专项和重点型号研制为牵引，争取国家航空发动机专项及总装研制任务，建立快速反应机制，深度参与预研项目，着力推动中小推力发动机的研发、制造和产业化，着力推动技术水平提升和关键技术突破。

加强航空发动机研制、制造系统关键技术研究，提升航空发动机总体设计、总装制造、系统集成和试验验证水平，重点发展发动机叶片、发动机传动部件等重要部件，提高关键系统件、零部件以及复合材料、高温合金等关键材料研制生产水平，增强航空发动机产业自主发展能力。

（3）进一步发展机头等大部件制造产业。重点发展机头、登机门、机翼等大部件制造，争取C919客机机头系统集成和新研机型机头研制任务，力争在成都构建以大型飞机的机头、前机身和航空动机制造为主，集机头、舱门、活动翼面和发动机机匣等部件和单元体制造为一体的航空大部件产业集群。

（4）优化提升机载及航电设备研发制造能力。重点发展飞行控制系统、液压系统、电源系统等航空设备及系统，机载娱乐系统、客舱广播内话系统、机载显示系统、综合化航电系统等航电系统及设备，机载综合监视系统、机载卫星导航系统、大气数据系统、飞行数据集成系统等机载综合系统，大飞机软件系统，新一代地空监视系统、空管二次雷达、机场防入侵探测系统、空管模拟训练装备、场面监视雷达等空管系统及装备。

（5）提高机场地面通用设备制造水平。提高设备研发制造水平，提升国内市场占有率，扩大国际业务。重点发展技术含量较高的高端设备，包括大型飞机牵引设备、飞机启动气源设备、飞机集装箱/集装板升降平台、飞机除冰车、飞机应急作业车、飞机维修作业平台等。[1]

---

① 王景霖. 飞机地面保障车辆液压缸闭环数字式控制系统开发研究［D］. 南京：南京航空航天大学，2010.

5. 航空运营服务业发展方向：重点推动四类产业发展

（1）提升航空信息服务智慧管理水平。以实现"智慧型机场"为建设目标，重点建设天府机场智慧运营系统，优化双流机场智慧运营水平。通过与空管、航空公司、联检单位、政府监管部门以及其他驻场单位等合作伙伴的信息共享、协同决策、流程整合，显著提升机场运行效率、旅客服务水平以及安全保障水平，形成完整的旅客服务价值链，并为各方创造新的盈利增长点。从机场运行、安全、服务和管理的实际业务出发构建航班生产运行、旅客服务及运行管理等多方面应用平台，满足机场业务单位对航班、货物、旅客、工作人员、车辆及其他业务实体的管理需求，提升广泛协同、实时共享、全面可视化、态势感知、主动服务、集成通信和大数据处理的智慧机场能力。

（2）做大以整机、航空发动机为主的航空维修产业。充分挖掘飞机运营维护、飞机维修等业务巨大的市场潜力，依托双流机场和天府机场的交通优势，积极引入国内外航空维修、航空发动机维修龙头企业，重点发展保税维修，建设综合维修基地，积极扩展航空产业价值链高端环节，实现针对多种机型的"一站式"航空维修服务。

（3）提升飞行员等专业技术人员教育培训服务能力。支持航空公司与航空院校、飞行学校合作，开展航空学历培训教育、执照培训和职业技能人才培训。支持中国民航飞行学院新津分院、西南航空职业技术学院等专业机构提升发展，鼓励在蓉高校加强航空机电维修、航空物流等通航专业和电子、材料、运营管理等关联专业和学科建设。支持民航、通航企业独立或与高校及科研院所合作，通过委托培养、学科设立、组建学院和建立实训基地等多种形式，培养航空专业人才。

（4）提升航空金融租赁服务。探索空港自贸区发展新模式，争取税收优惠政策，引进一批有实力的供应链金融企业，推动发展航材租赁、飞机租赁、航空保险、商业保理、航空基金、跨境结算等航空金融服务业。

6. 航空衍生服务业发展方向：加快发展保税服务和航空食品加工业

（1）积极发展保税服务。积极引入高水平的物流与保税服务，促进物流与保税功能的结合。集成口岸、商检、税务、外汇结算等功能，推动保税物流的发展。积极发展保税维修，致力于重点机型发动机维护、修理和大修（MRO），完善支线飞机的维修功能，适度发展公务机维修业务。积极发展保税商业，发展特色产品、奢侈品、多元文化商品等保税购物产业，加快引进中外合资、外商投资旅行社，开展进出境旅游业务，打造国际空港购物中心。

（2）加快发展航空食品加工业。依托成都良好的农业生产基础，打造"从田间到机舱"的航空食品全产业链。积极整合航空食品产业资源，建设多个航食生产企业的专业原理采购和配餐配送基地，增强连接农业生产、物流流通和工厂化生产加工与配送能力，促进生产商、运输商和销售商的合作。加强相关设备研发和生产供应厂商的合作，专项技术设备开发和推广。[①] 建立完善行业组织，为行业组织和行业服务平台加速整合创造有利条件。此外，政府应当协助加强航空公司间的合作，实现航食"对配"方案，增大航空食品的辐射范围，实现由线到面的横向发展。

7. 航空引致产业发展方向：重点推动新材料和新兴产业发展

（1）重点发展航空新材料产业。引进航空特种材料企业，补链发展高温合金、镁铝合金等航空基础材料领域。依托四川钒钛钢铁、稀土资源和其他高端材料研发条件和制备能力，重点发展航空钛合金、含铼高温合金、航空铝合金、碳纤维等航空材料。

（2）积极发展各类临空新兴产业。以临空经济区为平台，发展各类高端服务业，同时积极在大数据、物联网、云计算、电子信息、生物医药等领域引进和发展一批创新型产业，打造成都战略性新兴产业重要载体。

8. 构建成都航空经济产业发展全景

基于以上对成都航空经济主导产业的筛选分析，与航空经济产业体系结合，可以构建以航空制造和航空枢纽为核心，由航空运输业、航空制造业、航空运营服务业、航空衍生服务业和航空引致产业组成的成都航空经济产业发展全景（如图 3 - 2 所示）。

---

① 侯小聪. 关于中国航空食品发展有关问题的探讨 [J]. 空运商务，2011（8）：9 - 16.

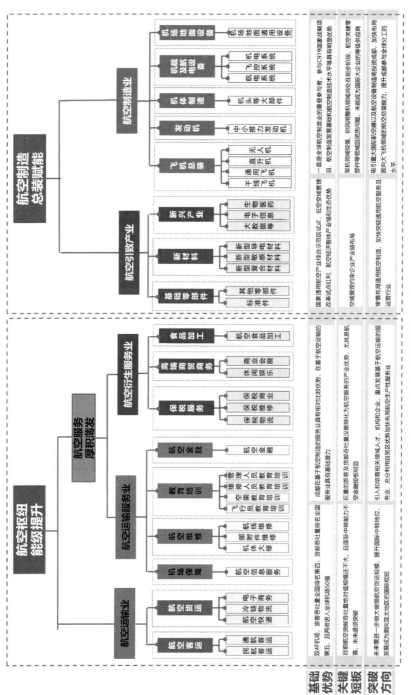

图3-2　成都航空经济产业发展全景

资料来源：自绘。

第4章　成都航空经济发展核心战略、战略定位及发展目标

4.1　成都航空经济发展核心战略

对航空经济发展规律的研究表明，航空制造和航空枢纽都可以成为驱动航空经济发展的主要驱动力。而从西方的经典案例来看，在国家战略部署或市场经济的主导下，往往以其中一项驱动力为主，推动一座城市乃至其辐射地区航空经济的蓬勃发展。通过对我国的航空经济发展前景、全国航空领域战略布局以及成都航空领域发展潜力分析可以看到，在航空制造和航空枢纽方面成都都拥有巨大的发展机遇，并有成为航空经济驱动力的潜力。

因此，本章试图利用成都发展既有优势，结合国际国内航空领域的巨大发展契机，将成都航空经济发展的核心战略确定为航空制造、航空枢纽并衍生航空服务——"双核驱动＋服务支撑"模式，[①] 即航空枢纽能级提升，以强大辐射力带动航空相关性产业在空间集聚，构建成都航空经济发展战略架构，并大力培育航空服务业；航空制造整装赋能，驱动以飞机制造为核心的上下游产业链集聚。

航空枢纽能级提升。航空枢纽发展水平的提升，核心是城市机场及临空经济区综合服务水平低的提升。现阶段，成都双流机场发展能级在我国多个重要国际枢纽中处于中游水平，特别是在机场规模、客运中转能力、

---

① 张鲁进．促进成都市通用航空产业蓬勃发展［DB/OL］．中国民航网，http：//www.sc.chinanews.com.cn/hydh/2019－07－22/109295.html.

航空运输能力，以及航空枢纽所依托的城市经济发展水平等方面还和领先枢纽有较大差距。成都需要借助天府机场的建成，重点增加国际航线，科学组织管理提升客运中转能力，并积极申请天府机场自贸区，打破条块管理壁垒，充分发挥双机场联动运营效益。吸引物流总部、航空培训、临空相关产业落户新机场区域，增强临空产业能级。

航空制造的总装赋能。成都在航空制造业方面有自身优势和特色。从城市层面来看，城市交通基础设施、城市工业发展水平、城市科研创新能力、国际合作水平都在全国领先。聚焦到航空工业，航空制造的发展基础和航空制造技术水平也具有明显优势，并且在 C919 研制的国家总布局中承担了相对关键的部分研发制造任务。短期内（3～5 年），受城市自然条件限制，以及国家航空业总体分工要求，成都难以成为中国航空制造的总集成商。成都需要依靠自身的优势和特点，在相关新技术研发、重要零部件生产供应、航空维修方面做出特色，并在未来进一步扩大航空制造产业化程度，积极融入航空全球供应链当中。未来随着国内航空制造领域的繁荣发展，上海 C919/CR929 等机型制造能力的饱和以及全球航空制造的重新布局，成都力争在 5～10 年获得航空总装集成功能，以更大的话语权和主导权参与全球航空经济的分工。

两大驱动交织部分为衍生出的航空服务业，包括航空维修、保税服务、高端商业商贸和航空教育培训等内容，依托于航空枢纽及制造业的共同发展。

4.2　战略定位

4.2.1　总体定位："三自三新三高"的新支柱

立足成都航空经济全产业链新优势，抓住国家军民融合战略机遇，突出航空经济外溢效应，坚持产业功能区理念，强化航空经济产业生态圈和创新生态链建设，围绕自主导、自生态、自发展的价值定位，瞄准引领成都发展的现代产业体系新支柱、促进成都率先实现经济高质量发展的新引擎、推动成都全方位参与全球产业分工的新优势的功能定位，着力打造航空经济五大产业集群，加快构建亚欧洲际航空枢纽，力争建成高端化、高成长、高质量的现代航空全产业链集群,推动航空经济成为城市新名片、产业新支柱,为成都全面建设体现新发展理念的国家中心城市奠定坚实基础。成都市航空经济战略定位如图 4 - 1 所示。

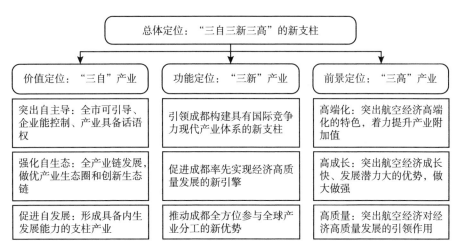

图 4 - 1　成都市航空经济战略定位

资料来源:自绘。

1. 价值定位:"三自"产业

突出自主导,推动航空经济发展成为全市可引导、企业能控制、产业具备话语权的产业。强化自生态,推动航空经济全产业链发展,着力做优产业生态圈和创新生态链。促进自发展,通过培育自主导和自生态的特征,最终形成具备内生发展能力的支柱产业。

2. 功能定位:"三新"产业

一是将航空经济打造成为引领成都构建具有国际竞争力和区域带动力现代产业体系的新支柱,提升航空经济的发展地位。二是将航空经济打造成为促进成都率先实现经济高质量发展的新引擎,发挥航空经济的外溢性和关联性,带动关联产业高质量发展。三是推动成都全方位参与全球产业分工的新优势,使航空经济成为代表成都参与全球竞争的新支柱产业,打造亚太地区新兴的航空产业集群。

3. 前景定位:"三高"产业

一是高端化产业,突出航空经济高端化的特色优势,着力提升产业附加值。二是高成长产业，突出航空经济成长快、发展潜力大的优势，着力做大做强，成为成都第三大支柱产业。三是高质量产业，突出航空经济对全市经济高质量发展的引领作用，加快形成高质量的现代产业体系。

4.2.2 产业发展定位

1. 航空经济产业将成为成都第三大支柱产业

航空经济是未来各国和重点城市积极发展的重大产业，也是成都当前着力发展的战略性产业。力争到2035年，将航空经济打造成为继电子信息、汽车产业之外的第三大支柱产业。

2. 各个航空产业领域发展定位

如图4-2所示。

航空制造产业：国内航空制造核心城市，世界航空制造新基地。

航空运输服务：面向亚欧的洲际航空新枢纽。

航空运营服务：国内一流、国际知名的航空教育、维修、运营基地。

航空衍生产业：国内"非凡"机场体验地。

航空引致产业：临空经济新高地，适航产业新标杆。

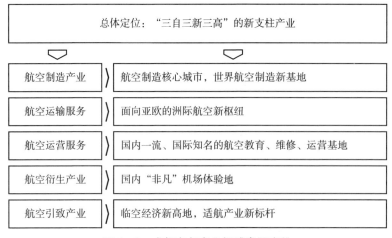

图4-2 成都市各产业领域发展定位

资料来源：自绘。

4.3　发展原则

4.3.1　坚持省市协力，多方互动

综观国内外重点航空城市发展历程，未来 5 ~ 10 年是航空经济发展的战略机遇期，国内多个省市以及周边国家都在进行航空经济战略布局，抢占区域性国际航空枢纽的制高点。成都市要将航空经济上升到"1 号战略"的层面，瞄准航空经济的重点领域，举全市上下之力，通过吸引人才、引进企业、谋划产业，积极抢占航空经济发展的先机。同时努力争取国家和全省对成都航空经济的政策支持，制定成都航空经济发展的专项扶持政策，以确保政策的实施效能以及连贯性和持续性，使成都航空经济始终在良好的政策环境下顺利发展壮大。

4.3.2　坚持有序推进，小步快跑

成都具备将航空经济作为独立经济形态发展的条件，但并不意味着成都可在航空经济发展的各个领域齐头并进。考虑到成都航空经济面临的劣势和面临的威胁挑战，成都发展航空经济要分清时序，进一步明确各个发展阶段的不同侧重点。近期应突出特色亮点，以保持优势资源投入优势领域，重点聚焦航空枢纽、具备西部特色的通航飞机制造、工业级无人机以及通航运营及服务市场等，加快出成效、树优势；中远期注重逐一攻克短板领域，集中解决军民融合、航空人才、低空空域、航空政策等短板制约，全面提升成都市航空经济整体实力。

4.3.3　坚持深化改革，创新驱动

航空经济涉及多个领域，占据新兴技术前沿，且面临复杂的体制机制条件。发展航空经济要持续推进市场化改革，不断创新，加速破解制约航空经济发展的各项障碍。要抓住国家把军民融合上升为国家战略的重大机

遇，努力推进军地资源开放共享，推动军民两用技术相互转化，逐步建立起军民融合、军地协同发展的航空经济格局。同时利用低空空域改革的成果，突破体制机制制约，加快通航运营市场的发展，更加注重体制机制创新对航空经济发展的促进作用。

4.3.4 坚持开放发展，分工合作

坚持开放发展，积极开展国际合作，积极引进国际知名企业和资金，从全球配置航空经济发展资源要素，推动系统集成创新和引进消化吸收再创新，利用全球航空产业资源提高发展起点，发挥后发优势，实现跨越式发展，提升航空经济发展的实力。同时促进分工合作，建设以成都为中心的，面向四川全省、吸纳全国的航空合作资源，加强与西安、贵阳、南昌、上海和天津等城市的合作发展。

4.4 发展目标

4.4.1 近期目标：加快建成多功能航空城

到 2025 年，创新驱动力、辐射带动力和国际影响力显著增强，加快建成多功能航空城。其中，航空制造方面：飞机总装集成功能加速布局、基本形成涵盖航空装备制造、航空维修、航空培训、航空金融、航空物流等领域的民用航空全产业链，建成国内一流、国际知名的航空产业城。航空枢纽方面：以天府机场为核心的综合交通枢纽初步建成，运行效率和服务水平全国领先，并与双流机场形成同场运营模式，国际枢纽＋区域枢纽形态基本成型，对区域社会经济的支撑作用更加显著，基本建成成都国际航空枢纽，跻身世界主要航空枢纽行列。

航空制造产业规模突破 1 500 亿元，两场临空经济区产业规模突破 1 100 亿元，年旅客吞吐量达到 9 000 万人次以上，年货邮吞吐量达到 150

万吨。[①] 国际及地区航线旅客吞吐量达到 1 000 万人次，聚集就业人口 20 万人。

4.4.2　远期目标：形成空港、产业、居住、生态功能区共同支撑的现代化国际航空大都市

到 2035 年，形成空港、产业、居住、生态功能区共同支撑的现代化国际航空大都市。基本构建起以航空制造、航空枢纽两大核心驱动力支撑的航空经济产业生态圈。成为国家大飞机制造研发基地和核心产品供应商，全球民航新技术研发重要基地及零部件生产基地。[②] 确立全球新枢纽经济领航者地位，成为具有国际竞争力和重要影响力的现代化产业高地，强化高端消费和文化交往功能，完善城市综合服务职能，全面建成国际航空大都市。

航空制造产业规模突破 3 500 亿元，两个临空经济区产业规模突破 3 000 亿元，年旅客吞吐量达到 1.6 亿人次，年货邮吞吐量达到 400 万吨以上，跨入亿（人）级超级国际航空枢纽行列。国际及地区航线旅客吞吐量达到 3 000 万人次。聚集就业人口 40 万人。

4.5　发展路径

4.5.1　枢纽提能，制造破局

在新的机遇前面，成都要将航空经济作为独立经济形态加以发展，并在未来 10 ~ 20 年的区域产业发展规划中将航空制造与航空枢纽有机结合起来，形成航空经济互补互促的两大领域，率先在国内探索出制造与枢纽双轮驱动的航空经济新模式。

---

① 李秀中. 国家战略布局加持，西部这四个城市开启机场大扩建 ［N］. 第一财经，2020 - 06 - 01.

② 2021 成都国际航空技术与应用展将于 12 月在天府之国隆重举办 ［EB/OL］. 和讯网，http://news.hexun.com/2021 - 07 - 09/203928476.html.

在航空枢纽领域，充分依托"一市两场"的优势，利用天府国际机场释放资源和运输能力，全面提升航空客货运输水平，同时抢先布局面向欧洲及中东的转运中心和门户枢纽，打造国家级国际航空枢纽。同时，学习借鉴纽约、巴黎、伦敦"一市多场"机场群发展经验，整合管理包括绵阳南山机场等在内的省内支线机场，利用城际高铁有机串联，进一步提升航空枢纽的地位。

在航空制造领域，航空产业的发展，关键在于能否获得航空整装集成能力，以此带动更多的零配件生产汇聚成都，共同提升航空制造的总产值。当务之急，成都要重点瞄准国内外公务机和大飞机的整装环节，利用作为国内航空产业重点布局城市的地位，在提升航空制造供应商能级的同时，利用 5～10 年时间持续发力争取国内外航空整机项目，积极对接和协商，提前布局和谋划，加大力度引进国际公务机和大飞机项目落地，并力争 C919 和 CR929 项目布局成都，提升航空总装集成能力。

4.5.2　军民融合，以军带民

四川是国家级全面创新改革试验区，也在争创国家军民融合创新示范区。从发展现实来看，航空经济领域是最有可能实现军民融合突破的领域，而军民融合发展本身也是成都航空经济发展的现实路径。因此，要充分依托军民融合的政策优势、先行先试优势，大力推进军地资源开放共享和军民两用技术相互转化，依托军工技术发展民用航空产业，推动航空经济发展。同时又要坚持产业高端化、集聚化、链条化发展，在核心环节和关键领域实现原创性突破，明确产业拓展重点领域，努力实现军用技术民用化、民用技术产业化；并开展军用航空核心优势技术衍生谱系梳理工作，[①] 抢占航空产业发展制高点。

4.5.3　全链布局，突出重点

从发展基础来看，成都是全国极少数有条件将航空经济作为一种独立

---

① 李美静. 践行军民融合，深化改革创新，助力航空强国［N］. 中国航空报，2018－07－31.

经济形态加以谋划布局的城市，可围绕大型客机项目、商用发动机项目，重点发展飞机总装、系统集成、发动机、航空金融、航空服务等，率先在国内探索出制造与枢纽双轮驱动的航空经济新模式。

在近期，一是突出通航飞机制造的西部特色。国内通航制造园区过多，包括国家发改委批复的通航园区已经超过 50 个，在通航产业尚未进入快速成长期、通航产品尚不明朗的情况下，要突出西部特色，重点发展面向西部、针对高原的固定翼飞机，尽快形成品牌和特色，获得市场认可。二是优先选择工业级无人机产品。国内大多将消费级无人机作为重点发展方向，工业级无人机领域呈现出"蓝海"特征，所以可以将工业级无人机作为通航产业的主打产品。三是积极培育通航运营和服务市场的发展，充分发掘市场潜力，加快培育新优势。在中远期，要围绕成都航空经济面临的短板制约，集中解决军民融合、航空人才、低空空域、航空政策等短板制约，全面提升成都市航空经济整体实力。

4.5.4　扬长补短，统筹推进

当前，成都发展航空经济仍面临诸多劣势，这些劣势并不是成都发展航空经济的制约条件，而是在瞄准更高目标的要求下形成的暂时性目标缺口。这些劣势很多是体制机制的约束导致，一旦这些约束解除，成都航空经济的巨大潜力将得以释放。因此，面对航空经济发展的劣势，要扬长补短，着力弥补制约航空经济发展的短板。一是紧密跟踪航空制造领域的技术变革，通过引入、合作、再创新的方式，累积航空制造领域的前沿技术，以技术创新应对当前劣势。二是借力中航工业的布局机遇，重点争取国家航空重点项目，或者与其他单位联合，争取国家重大航空项目或者由国家外交主导的国际合作航空重大项目在成都落地，合力引入国际知名的航空总装制造项目。三是加快推进军民融合改革、低空空域改革等改革步伐，破解"军转民""民参军"的制度障碍和通航运营的空域障碍。四是提前布局成都天府国际机场临空经济，着力提升天府国际空港城临空经济水平和客货枢纽能力。五是提升成都市现代服务业水平，增强航空经济高端要素集聚能力，鼓励和支持本地高校开设针对航空经济的院系专业，提升人才支撑能力；同时充分利用资本整合手段，在 5～10 年内培育壮大本土主基地航空公司。

4.5.5　创新外溢，产城共兴

充分发挥航空经济发展的外溢效应，推动航空经济与成都重点产业形成新搭配、新组合、新整合，改变以往的"独自（立）"形态，从而带动全市产业经济迈向新台阶。一方面，要充分汇聚全市航空经济产、学、研、融、用各方资源，积极构建研发、应用、双创和资本运作四个平台，推动更多的航空技术和航空资源转化为电子信息、汽车制造、新材料等产业的新增长点。另一方面，要借力航空运输方式的改变，加大对外开放力度，促进航空物流业、航空保税产业、配套零部件产业、出口加工业、商务和旅游业等关联产业加快发展。同时，要充分利用机场运输对城市人口的地理分布、产业发展和布局产生的重要影响，推动机场、产业、城市同生共荣。

第 5 章　成都航空经济产业发展措施

5.1　构建成都航空经济产业生态圈

产业生态圈是在传统产业链基础上，综合考量产业发展过程中产业链以及为产业生产服务的科研环境、人才供给、交通支撑、政策扶持和相关现代服务业等城市软实力而形成的产业多维网络体系。产业生态圈构建应当包含六个维度内容，即生产维、科技维、服务维、劳动维、交通维和政府维。

产业生态圈中各环节之间的关系已经不仅仅局限于传统产业链的一维线性关系，正在全面向着广、深、密三维交叉的方向发展。在延伸的过程中，上下游之间的界限日益模糊，产业之间的竞争、合作在更细化的层面上展开，各种链条集合交叉，形成复杂的生态环境。① 构建成都市航空产业生态圈，能更好地为成都航空产业发展营造生态土壤，全方位促进航空产业健康、快速发展。

综合来看，如图 5 - 1 所示，成都航空产业生态圈构建应当以生产维为基础，交通维为支撑，科技维、服务维、劳动维和政府维为保障。

---

① 徐浩然，许箫迪，王子龙. 产业生态圈构建中的政府角色诊断［J］. 中国行政管理，2009（8）：83 - 87.

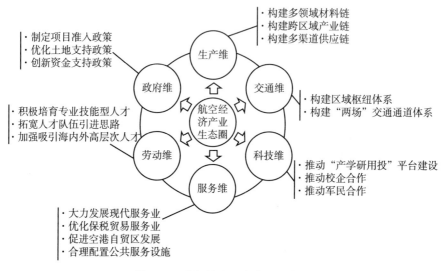

图 5 - 1　成都航空经济产业生态圈

资料来源：自绘。

5.1.1　生产维：完善三大产业链条

产业维主要关注产业链条的构建，重视链条的连续性和完整性。在成都市内聚集有众多的航空产业相关企业，包括专门从事产前、产中、产后的生产企业，横向的和纵向的配套、协作企业，龙头的和外围的企业，生产某种（些）相关特殊部件的企业等，已经具有很好的产业发展基础。根据对成都航空产业的竞争力分析、趋势判断和发展方向判断，成都航空经济产业生态圈产业维的构建应重视三大链条构建，即多领域材料链、跨区域产业链和多渠道供应链。

一要构建多领域材料链。依托四川钒钛钢铁、稀土资源和其他高端材料研发条件和制备能力，重点发展航空钛合金、含铼高温合金、航空铝合金、碳纤维等航空材料。

二要构建跨区域生产链。基于成都引进的重点机型，构建起"主制造商 - 供应商"模式，加强与省内德阳、自贡、绵阳，省外西安、武汉、南昌等城市的合作，构建基于总装机型的产业生产链。

三要构建多渠道供应链。一方面，充分利用双流机场和天府机场的运输优势，构建空中丝绸之路供应链。另一方面，延伸蓉欧快铁线路至法国图卢兹，构建基于空客总装基地的供应链。

5.1.2　交通维：加强航空枢纽与通道建设

交通维主要为产业发展提供交通支撑，强调根据各类产业发展的需求，合理构建交通体系。鉴于航空产业发展的特殊性，航空枢纽作为航空产业的重要驱动要素应当备受重视。成都航空经济产业生态圈交通维培育要强调构建以航空枢纽为重点的区域枢纽体系和"两场"交通通道体系。

5.1.3　科技维：搭建科研合作平台

科技维主要是为产业发展提供有力的科研环境、创新环境和平台，尤其是专业交流合作平台。一方面，成都要推动"产学研用投"平台建设和使用，提高研发水平和产业孵化能力。另一方面，成都要优化科研创新环境，从校企合作、军民合作两个角度着手，促进人才培养、研究成果转化、优势资源整合等平台建设。

5.1.4　服务维：大力发展与提升现代服务业

服务维建设主要指提升城市服务业整体水平，为航空产业，尤其是航空运输和相关服务业发展提供载体和平台。一方面，成都应当主要大力发展现代服务业，优化保税贸易服务业，促进空港自贸区发展，为成都航空产业发展提供良好的专业服务。另一方面，成都还要完善城市生活配套设施，提供更好的公共服务和生活环境，创建与产业发展相宜的人文氛围。

5.1.5　劳动维：培育引进专业技能型人才

劳动维主要是为产业发展提供人才保障，吸引并构建各产业环节、技术岗位所需的专业人员队伍。成都提高航空经济产业人才保障水平可以从积极培育专业技能型人才、拓宽人才队伍引进思路、加强吸引海内外高层次人才等方面着手。

5.1.6 政府维：建立专业性政策保障体系

政府维主要是指为了维护产业发展，地方政府应当提供相关的支持政策（包括适宜的产业政策）、法规与服务，维护良好的产业发展环境和秩序。成都航空经济产业发展政策环境优化，可以从制定项目准入政策、优化土地支持政策、创新资金支持政策等角度着手。

5.2 成都航空经济五大产业方向发展战略措施

依据上文对成都航空经济发展前景、产业发展方向及重点领域的判断，以两大驱动力及服务支撑为根本出发点，将成都航空经济的发展确定为以航空运输业、航空制造业、航空运营服务业、航空衍生服务业以及航空引致产业为主的五大产业发展方向。并根据国家层面发展航空经济的总体布局及发展趋势，以及成都在航空领域的优劣势、竞争力的判断，对成都在五大产业方向上中远期能够承担的产业类型以及战略措施进行任务分解。

5.2.1 航空运输业方向

成都航空运输业方向的发展措施，聚焦在近期如何围绕"一市两场"全面提升航空枢纽量级上。详见本书第6章相关内容。

5.2.2 航空制造业方向

在航空制造业方面，除了"融入国家大飞机战略""做强成都细分特色领域"两大措施之外，成都将以航空研发设计、航空设备及系统以及航空部附件生产制造几大产业作为重点发展方向，从而全面构建"研发设计、零部件生产、系统集成、总装及运营服务"为一体的航空制造产业链。

1. 航空研发设计产业

做强"航空心脏"：积极承接国家重大航空发动机专项。深度参与中国航发商发公司承担的、满足国产干线客机 C919、中俄联合研制宽体客机 CR929 的动力研发设计配套需求，积极争取国家航空发动机及燃气轮机重大专项及总装研制任务，建立快速反应机制，深度参与预研项目,①着力推进中小推力发动机的研发、制造和产业化，着力推动技术水平提升和关键技术突破。

高端切入航空材料和部附件领域：着力提升大部件、先进材料等核心技术研究能力。延伸做强中航成飞民机在 C919 制造布局中承担机头制造的功能，重点从生产制造环节切入飞机机头集成研发环节，提升商用大飞机机头的集成研发和制造总装能力；发挥成都本土高校高分子材料工程国家重点实验室和以航宇为代表的航空发动机高温合金材料研制优势，积极对接国家部委，整合国家航空院校资源、商飞北研中心或联合国外科研与院校资源，以高附加值的航空复合材料为突破口，加强关键技术攻坚，提升航空新材料领域的竞争力。

2. 航空设备及系统产业

优化提升机载及航电设备研制能级。依托中电科航电以及一大批航电领域的军工院所和民营企业，推动发展飞行控制系统、液压系统、电源系统等航空设备及系统，机载娱乐系统、客舱广播内话系统、机载显示系统、综合化航电系统等航电系统及设备，机载综合监视系统、机载卫星导航系统、大气数据系统、飞行数据集成系统等机载综合系统，新一代地空监视系统、空管二次雷达、机场防入侵探测系统、空管模拟训练装备、场面监视雷达等空管系统及装备。

挖掘机场地面设备及系统研制优势形成"新增长点"。挖掘全国范围内成都在机场地面设备及系统领域优质的研发领先优势，借助全国机场建设和四川低空协同管理试点机遇，重点发展高附加值、高技术含量的机场地面设备和空管设备。机场地面专用设备重点发展飞机牵引车、电源车、

---

① 刘怡. 成都航空产业：实现全产业链跨越发展［R］. 成都市政府，https：//www. sc. gov. cn/10462/10464/10465/10595/2015/12/24/10363221. shtml.

摆渡车、旅客登机桥、航空器除冰车、行李传送车、飞机集装箱/集装板升降平台、飞机应急作业车、飞机维修作业平台、物流行李转盘系统等飞机服务设备；地面空管设备重点发展通信设备、导航设备、监控设备和气象设备等。同时发展包括航空灯标、跑道边灯、各种标志物和引导系统等目视助航灯具及相关设备，在机场地面设备及系统研制领域形成全国领先优势。

3. 航空部附件生产制造产业

加快提升以机头为主的飞机大部件制造能力。巩固成飞民机作为机头国内唯一供应商的地位，支持成飞民机等承接 C919 客机机头系统集成、新研机型机头和 CR929 机头分包制造任务。提能发展前机身、舱门、活动翼面、起落架等飞机大部件制造。

以"军转民"突破发展配套制造能力。在原有制造配套能力基础上，以建设中航成飞配套基地为契机，整合零散配套能力和资源，加快突破大钣金制造、表面处理、复材装配及快速修补和系统集成及试验验证等技术，增强大飞机生产配套能力，进而提升成都市航空制造水平在航空全球供应链配套层级。

5.2.3 航空运营服务业方向

航空运营服务业方向是航空服务业的核心组成，近些年成都城市宜居性不断提升，吸引了大量高端生产生活服务业人才聚集，在这一产业方向上有巨大发展潜力。结合成都在航空运营服务业方面的发展基础，未来能够在航空软件以及通用航空运营等产业领域重点突破。

1. 航空软件产业

在世界航空产业日趋数字化的今天，其发展高度依赖于航空软件的研发及使用。国内航空设计企业院所大多受制于国外航空软件技术壁垒，由于研发能力相对滞后，基本停留在购买国外软件阶段，对我国行业进步造成较大阻碍。成都在航空软件研发方面有一定基础，在广义软件行业上在全国也具备优势。在航空软件发展上，要遵循软件开发周期较长、基础理论要求高的客观规律，积极与本地科研单位、民营软件公司配合，理顺上下游产业链，特别在飞机气动外形、结构设计、系统设计等飞机设计软件领域发展成为产业高地。

2. 通用航空运营产业

（1）着力推进通航基础设施保障建设。一是推动 5 个通用航空机场项目立项建设。推动金堂县、都江堰市、龙泉驿区、崇州市和郫都区 5 个通航机场项目立项建设。发挥枢纽运输机场保障支撑作用，在成都双流国际机场、成都天府国际机场临空经济区，规划建设通用航空维修基地（MRO），同时在成都金堂、都江堰等规划通用航空维修基地。积极鼓励社会资本参与机场基础设施建设，推动通用机场、运营服务保障尽快形成网络化。[①] 二是开展通用机场地面保障服务。积极推进固定运营基地（FBO）的建设与运营，鼓励重点企业与国内外 FBO 优势企业开展合作，引入先进技术和服务，提升全市 FBO 运营水平；合理布局 FBO 基地，依托通用航空基地机场逐步建立覆盖全省的 FBO 基地，提供飞行服务、维修服务、航空器销售、包租机服务和其他延伸服务。在现有军民航空管通信、导航、监视和气象设施基础上，依托双流临空经济区、天府空港新城，积极发展通航机场运营服务，有序推进供油系统、地面雷达和空间卫星网络等通航配套设施建设，[②] 提高专业化运营水平。

（2）建设西南航空运营服务总部，大力开展通用航空高端运营服务。支持和鼓励社会资本进入通用航空运营领域，积极扶持现有通用航空运营企业拓宽业务，创新适应市场需求产品，做大做强。大力支持各地建立多种类型的通用航空俱乐部、飞行协会，不断开辟通用航空新兴业务。依托通用航空机场（起降点）网络，开展点对点定制通用航空服务、飞行执照保持、飞机托管、飞机定点维修保养等高端运营服务。积极开展面向西部地区的公务机运营市场。

积极推进通用航空作业飞行。积极探索作业用通航飞行运营模式，推动通用航空在农林牧业治虫除草、飞播施肥、催熟矮化、绿化荒山、防火巡护、抗旱增雨和防汛泄洪等作业项目及在城市规划、水利建设、铁路建

---

①②　成都市经济和信息化委员会. 成都市通用航空产业三年行动计划［R］. 成都市经济和信息化委员会，http：//www. xilinft. com/news - view. aspx？ ContentID＝101&t＝16.

设、土地资源调查及电力巡线等作业项目上的应用，推动符合条件的通用航空企业以小时服务包供应模式提供警航服务。

加快发展通用航空旅游。加快发展航空旅游市场，支持在都江堰、西岭雪山等区域打造低空旅游试点景区，开发低空旅游示范体验线路。加快推广开展直升机观光体验飞行项目和动力三角翼、滑翔机等航空运动体验项目等。同时，加大对全社会的通航科普宣传，提供模拟飞行体验、航空驾驶培训等服务项目，激发不同社会群体对通航消费的多样需求。[1]

鼓励发展航空运动和航空会展。支持建设航空运动学校，组建航空运动队、航空运动俱乐部，推动在新津举办各类航空运动赛事，支持组织和个人参加国内外各类航空运动比赛，积极举办航空博览会。

建设四川省航空应急救援中心。以建设四川省航空应急救援中心为契机，统筹各项通用航空资源，争取国家政策支持，有序推动应急避难场所、重点公共服务设施（医院、学校、体育场等）、重要交通设施、重点旅游景区景点、重点农林区和产业园区等区域应急救援起降平台的建设，提升成都在四川省应急救援及自然灾害方面的救援能力与效率，同时推动成都通用航空服务、应用等方面的发展。

建设通用航空人才培养体系和基地。以民航系统人才需求和民航法规要求为指引，整合省内教育资源，进一步完善通用航空飞行、机务维修、空管、运营和安全管理等专业人才培养体系和职业教育体系；加大政策、资金支持力度，打造面向全国的通用航空专业人才培养和职业教育基地。

5.2.4　航空衍生服务业方向

航空衍生服务业的发展要充分挖掘航空枢纽城市汇集的高端旅客资源，大力推动航空核心产业及其产业链的延伸和相关配套服务项目的引进和培养。[2] 成都在近些年非常注重国际影响力的提升，并向着到 21 世纪中叶发展成为世界城市的愿景不断努力。天府国际机场的建设，不但将实现成都航空运输能力的突破，对于围绕航空枢纽展开的旅游、商业、休闲娱

---

① 邓超，陈梦楠. 成都：2020 年前建成金堂、都江堰通航机场 [N]. 成都商报，2017 - 07 - 19.

② 郭颖婷. 公务机衍生服务业浅析 [J]. 空运商务，2013 (9)：57 - 60.

乐、商务会展等方面的衍生服务同样需要得到广泛的培育。

1. 打造内陆首个"非凡"机场体验地

参考新加坡樟宜国际机场等国际先进的航空枢纽，遵循"构筑全球影响，彰显成都特色"的原则，以提升机场内部多元化服务产品及机场周边大型文化休闲娱乐项目为核心，发展以医疗旅游、野奢度假、主题公园为主的旅游休闲项目，将机场打造成一个旅客与市民体验休闲娱乐目的地。

2. 提升机场服务水平，争取成为全球最佳机场之一

参考新加坡机场等全球最佳机场的服务标准，提升在旅客休闲、咨询服务、抵达、购物、安检、登机等方面的服务标准与模式，提升成都"两场"的机场服务质量与效率，争取成为我国内地第一个被国际航空运输评级组织（Skytrax）评定的全球十佳机场之一。

3. 打造区域旅游休闲目的地

积极引进如"法拉利世界""TheVOID 虚拟现实主题公园"、美国梦工厂"功夫熊猫"大型室外主题公园等全球最顶尖主题公园及旅游度假大项目。建设大型的航空航天博物馆、文化馆、会展、购物中心等项目，使机场地区成为集大型主题乐园与购物游玩于一体的休闲旅游目的地。

4. 打造西南地区健康枢纽（Health Hub），建立国家级健康医疗旅游示范基地

依托空港新城良好的生态环境及便捷的交通条件，打造集养生度假和旅游疗养于一体的高端医疗旅游服务体系，服务国际医疗旅游人群。以"健康游"为理念，打造西南医疗保健中心，通过积极向国家争取相关政策，吸引全球顶尖的医疗研发和服务机构入驻，积极吸引医学美容、健康体检等优势医疗项目落地，重点发展海外高端体检、医疗美容、生育辅助等医疗项目，打造高吸引力、种类丰富的医疗旅游产品体系，与成都当地旅游资源充分联动，推出一站式医疗主题游产品以及定制化医疗旅游服务，打造西南地区健康枢纽（Health Hub），建立国家级健康医疗旅游示范基地。

5.2.5 航空引致产业方向

1. 航空生物医药产业

依托成都天府国际生物城与便捷的航空客货运服务，打造生物医药全球供应链服务平台。成都天府国际生物城聚焦生物医药、生物医学工程、生物服务、健康新经济四大领域，大力发展生物技术药物、新型化学药制剂、现代中（医）药、高性能医疗器械、智慧健康＋精准医学、专业外包服务六大业态，是继上海张江科学城、苏州生物医药产业园之后国内第三个大型生物医药企业聚集区，已经成为前沿生物产业转移转化的核心之地，[①] 借助成都双机场、蓉欧快铁等在成本、效率和运能等方面的优势，连接全球产业资源，从全球进口优质药物，更好地满足西部地区的用药需求，同时将生物城及成都周边地区的优质医药快速运达消费地，打造生物医药现代物流分销一体化的平台。

2. 航空大数据产业

依托中电子、中电科、海威华芯、万达云基地等项目，大力发展芯片研发制造、物联网、大数据、信息安全等产业，抓紧建设"成都芯谷"，打造千亿级新型电子信息产业集群。以双流临空经济区作为电子信息产业发展的重要承载地，着眼"提升层级、补链强链"，聚焦集成电路、新型显示及智能终端、信息安全三大领域，加快打造链条完整、效益突出的电子信息之谷。[②]

---

① 药产业园之后国内第三个大型生物医药企业聚集区，已经成为前沿生物产业转移转化的核心之地［DB/OL］. 成都日报，https：//mp. weixin. qq. com/s/Q3s9SPumZgBpaF0WaNH8nw.

② 杨静琳，孙健涵. 四川日报、成都日报连续关注双流未来发展［N］. 川报观察，2018 – 08 – 02.

第6章 成都航空经济发展策略

6.1 积极融入国家大飞机战略，做强成都细分特色领域

主动服务国家大飞机战略，在现有机头、航电系统的供应基础上，加强与中国商飞、中国民航局等的战略合作，按照"先服务、聚能力、承整机"的发展思路，大力提升航空制造设计研发、生产制造、总装集成和适航认证能力，未来争取国家重大整机项目以及国际知名航空企业在成都落地，在民用大飞机整机项目实现突破，构建产业生态，整合航空制造产业链，推动形成基于国家战略参与全球竞争的产业集群能级。

6.1.1 全面拓展与中国商飞的合作领域

拓展与中国商飞公司合作深度和广度，打造国内唯一机头系统集成供应基地。支持中电科航电等承接民用大飞机航电研制任务，打造国内民机航空电子系统研制产业基地。推进 ARJ21 商业运营探索，打造国产民机运营保障基地。共建中国商飞上飞院（成都）机头设计中心，围绕 ARJ21、C919、CR929 等机头项目研制需求，整合资源、发挥优势、通力协作，全面承担中国商飞各型号飞机机头设计业务，并参与国产大飞机机头的概念设计、初步设计和详细设计工作，形成大飞机机头快速试制能力和机头完整交付能力，推动航空工业成飞民机由机头结构制造商升级为机头产品提

供商，创建大飞机机头国家工程研究中心。建设民机产业的软件技术研究与开发平台，依托大飞机软件有限公司项目，提升民机专业特殊需求的关键软件技术研究与开发能力，以软件开发与测试、信息化运维、云服务平台、软件技术研发平台等为目标，创建省级以上商用飞机软件技术工程研究中心，支撑民机产业数字化转型，提升民机软件基础和关键能力。

6.1.2　建设国家重要的中小型航空发动机研发制造基地

依托成都航空发动机"一厂一所"工业基础和人才优势，争取更多国家航空发动机专项及总装研制任务，建立快速反应机制，深度参与预研项目，围绕龙头单位构建航空发动机产业生态圈，加快聚集上下游企业，重点发展大型运输机涡扇发动机及单元体制造、中小推力无人机发动机、高空长航时无人机发动机。加强航空发动机研制、制造系统关键技术研究，提升航空发动机总体设计、总装制造、系统集成和试验验证水平，推进在发动机核心部件研制上实现突破。实施航空发动机集成验证技术应用示范工程，建设整机地面试验台、高空试验台、飞行试验台等共性平台，力争形成航空发动机整机试验体系。① 实施航空发动机关键件再制造示范工程，推动航空发动机涡轮叶片、涡轮盘等关键件再制造，建设航空发动机再制造与设计制造的反哺互动机制，② 推进国内航空发动机自主创新发展。

6.1.3　推动国家航空机载系统集成服务平台建设

依托民航二所、赫尔墨斯、中电科、川大智胜等优势企业，逐渐发展形成拥有飞行管理系统、综合处理与网络系统、模拟机与飞行仿真测试、3D 视觉等业务为主的综合性航空电子研发与服务能力。积极实施航空机载系统集成验证技术应用示范工程，建设航空机载系统集成验证平台，突破航空机载系统架构组织一致性与符合性评估技术，实现航空机载系统和

---

① 欧阳亮. 我国进军航空发动机产业 ［EB/OL］. 中国经济网，http：//www.ce.cn/aero/201607/04/t20160704_13396303.shtml.

② 国家制造强国建设战略咨询委员会. 中国制造2025重点领域技术路线图 ［M］. 北京：电子工业出版社，2018.

各项技术协同验证，形成我国飞机航空机载系统集成能力。①

6.1.4　打造国家级高端航空装备制造创新中心

支持中航成飞发挥行业领先研发能力和资源整合能力，联合设计所、高校、企业，打造"产学研用"共建、运行开放高效、资源整合能力强、服务于相关行业的新型非营利法人实体暨我国航空领域第一家国家技术创新中心——国家航空制造技术创新中心，构建对产业发展辐射和带动作用强的技术创新网络，形成"探索一代、预研一代、研发一代、生产一代"的创新体系，如表 6 – 1 所示。

表 6 – 1　　　　　　　国家航空制造技术创新中心四大平台

序号	平台	功能
1	研制、设计平台	包括航空整机及航电产品设计、军机研制试飞、民机大型部件装配等功能，是航空制造高端技术需求的源头，也是新技术示范应用和转化的平台
2	服务平台	为创新中心提供产权服务、商务洽谈、技术转移、成果转让、生活配套等服务功能
3	研究平台	包含成飞公司内部实验室（围绕航空制造实际问题开展工程技术创新）
4	协同创新平台	围绕航空制造前沿技术问题开展协同攻关及成果转化，开放共享、机制灵活的航空智能制造协同创新示范应用及推广基地，起到航空智能制造技术示范及辐射作用

资料来源：根据公开信息整理。

6.1.5　打造国内领先的工业级无人机产业集群

总体策略：基于成都无人机整机研发制造、飞行控制系统、配套运营

① 中国制造 2025 ［Z］. 中华人民共和国中央政府，http：//www. gov. cn/zhengce/content/2015 – 05/19/content_9784. htm.

服务为一体的完善产业链优势，重点支持装备级和工业级无人机全系列产品体系发展，构筑无人机产业集群，形成规模优势，打造西南地区的无人机名片，树立成都市在全国无人机产业版图中的地位。

以大型物流无人机、高端军贸无人机等为方向，支持军工单位参与设立的民用无人机公司发展，做强高端无人机领域。支持腾盾科技、朗星无人机、纵横科技等以物流领域为主的无人机龙头企业做大做强，重点推进京东（四川）智慧物流产业综合示范园、顺丰大型物流无人机总部基地、空客直升机生产制造运营总部基地、朗星大型无人运输机和高级别无人机研发总装项目，全面发展工业级无人机研发设计、整机生产和总装。针对成都工业级无人机发动机研制需求提供民用产品，促进军用发动机研制民用化，建立健全无人机核心部件产业链环节，以航空工业集团在成都本地的无人机优势产业资源导入为牵引，形成大中小企业融通发展的新格局，加强无人机产业链上下游配套，上游产业重点涉及动力、机身材料、飞控、任务载荷，下游产业重点涉及销售、维修、培训和应用。

6.1.6 推动国家机场地面及空管设备研发制造基地建设

依托民航二所、川大智胜等在地面及空管设备研发制造领域的突出实力，抢抓国内机场全面布局展开、大力发展民用航空运输业以及通用航空产业等多重战略机遇，按照"优势挖掘、错位竞争、形成亮点"的思路，以中国民航局重大项目——民航科技创新示范区为平台，在国内率先形成机场地面及空管设备研制的产业竞争力，打造国内具有影响力和显示度的优势细分领域。

以民航局与四川省政府局省共建机制为基础，坚持"创新驱动、重点突破、保障安全、支撑发展"的基本原则，以基础技术研究、应用技术开发、成果孵化转化、核心技术产业化、创新人才发展为核心功能，以项目建设单位民航二所为依托，建设中国民航科技创新示范区。如表 6－2 所示，以公共运输航空、通用运输航空、机场、空管、适航、信息技术 6 个领域的科技创新需求为研究重点，建设 16 个技术研究中心，建成我国唯一具备完整民航科技产业链和产业聚集特征的民航原始创新策源地、民航应用技术开发与创新成果转化孵化大本营、民航科技产业发展助推器、民航创新人才发展战略高地，打造全球领先的民航科技创新、重大技术装备研制及工程技术应用验证基地，打造国际一流的民航高新技术产业集群。

表 6 - 2　　　　　　　中国民航科技创新示范区 16 个技术研究中心

行业领域	技术内容
公共运输航空领域	航空物流、客货舱运行及先进装备、航空公司运行控制、危险品航空运输 4 个技术研究中心
通用运输航空领域	通用航空工程、无人驾驶航空器运行 2 个技术研究中心
机场领域	机场运行与控制工程、机场运行安全工程 2 个技术研究中心
空管领域	航空电信、民航交通流 2 个技术研究中心
适航领域	航空油料、航空化学、民航防火安全 3 个技术研究中心
信息技术领域	新兴技术应用、民航信息安全、民航大数据与信息服务工程等技术研究中心

资料来源：柴畅 . 除了研发中心还有模拟验证机场！成都这个示范区将建 16 个研究中心 [DB/OL]. 红星新闻，https：//static. cdsb. com/micropub/Articles/202111/a780f111f969fe3df9ba02fb 2b60c255. html.

6.2　以航空枢纽提升为核心，形成航空经济发展的主要驱动力

成都发展航空经济，近期工作任务的重点是把握以航空枢纽为核心形成的主要驱动力。随着天府国际机场的建成通航，如何更好地发挥主基地航空公司优势、统筹发挥都市圈机场群综合效能，从而全面提升成都整体航空运输能力，是成都在航空运输业方向的工作重点。

6.2.1　以"一市两场"为核心，统筹周边支线机场，构建都市圈机场群

成都作为四川省"一干多支"空间格局的主导城市，以双流国际机场和天府国际机场为核心，发挥国际枢纽机场的引领作用，统筹绵阳机场与规划建设中的金堂县、都江堰市、龙泉驿区、崇州市和郫都区 5 个通航机

场，以都市圈机场群一体化运营的理念，统筹都市圈航空服务与航空资源，构建成都平原都市圈机场群，提升"一市两场"的区域服务能力。

6.2.2 大力支持1~2家成都主基地航空公司能级提升

在对基地航空公司发展潜力、竞争优势条件以及航线开拓能力等方面综合考虑的前提下，结合两场的功能定位，合理地对两场基地航空进行分配。依照国际航空枢纽与基地航空公司良性互动的基本规律，一般一个航空枢纽以集聚1~2个基地航空公司最为适宜，有利于发挥基地航空公司对机场枢纽的推动作用。因此，以每个机场划分1家基地航空公司为基础，给予每个基地航空公司大于60%的机场资源份额，激发基地航空公司在机场枢纽打造方面的积极性与潜力。建立机场与主基地航空公司长期战略合作关系，推动基地航空公司积极参与机场建设，保障机场高度重视基地航空公司的意见和建议、深刻了解并充分满足其需求，促进双方在资金投入、流程设计、航线布局、地面交通、临空经济发展等方面共同规划、通力合作，实现互利共赢。① 借鉴美国达美航空公司发展经验，在保障其在成都航空枢纽机场资源的份额同时，鼓励和支持以入股或兼并其他航空公司的方式，快速提升自身承运能力。

专栏：达美航空公司能级提升经验

达美航空是仅次于美国航空集团的全球第二大航空公司，它的成长历程是通过不断合并新的公司来实现的。

1953年，达美航空公司与芝加哥和南方航空公司合并。1972年，兼并美国东北航空公司，1987年兼并美国西部航空公司，从而成为美国民航业排名第三大航空公司。1991年在泛美航空公司宣布破产后，达美航空收购泛美航空的包括欧洲航线权和肯尼迪国际机场的世界港等剩余资产。由于燃油价格上涨和劳动力成本过高以及廉价航空运营商冲击等原因，达美

---

① 杨鑫. 德国法兰克福城市发展经验与郑州国家中心城市建设［J］. 现代商业，2018 (30)：89-90.

航空公司连年出现巨额亏损，在经历了长达 19 个月的破产保护后，于 2007 年 4 月 30 日结束破产保护。

2008 年达美航空与美国西北航空合并，整合成功并保持稳定增长持续盈利水平，并成为美国第二大航空公司。美国西北航空拥有底特律、明尼阿波利斯和西雅图等枢纽，合并后这些枢纽成为达美航空的主要枢纽。合并前后达美航空在底特律、明尼阿波利斯和西雅图的市场份额有明显变化，除西雅图外，达美航空在另外两个枢纽都处于市场主导地位，如图 6 - 1 所示。

随后达美航空以 6 500 万美元收购墨西哥航空 4% 股份；以 1.56 亿美元收购巴西戈尔航空 9% 股份；以 3.6 亿美元收购维珍大西洋航空 49% 的股份；以 4.5 亿美元收购中国东方航空 3.55% 的股份。通过股权收购进入并发展其弱势国际区域航线网络，是达美航空发展国际线路扩大国际航线市场份额的战略思路。

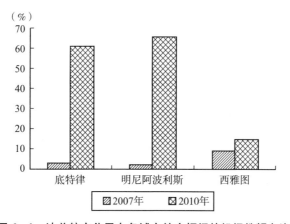

图 6 - 1　达美航空公司在各城市航空枢纽的机场份额占比

资料来源：赵巍．达美航空何以 7 年跃居全球第二大航空公司 [DB/OL]．民航资源网，http：//www.cannews.com.cn/2015/0918/134841.shtml.

6.2.3　布局国际航空客货运战略大通道，全面提升成都区位优势

充分利用地处亚太人口稠密地区地理中心的优势，以 "一市两场" 为

载体，依托主基地航空公司，全面构建覆盖全球的国际航空干线网络，加快布局"48＋14＋30"的国际航空客货运战略大通道，[①] 从根本上助推航空枢纽机场发展地位和能级，构建起成都立体全面开放格局，重塑成都在全球版图中的区位优势。丰富完善的航线网络、高能级航空客运服务是航空枢纽的重要标志，拉近了成都与世界联系的时空距离，让沟通往来变得更加紧密。重点围绕服务成都与 G20 国家中心城市、重要商业城市间的政商联系，进一步提升成都与国际间人员往来便利度，规划形成覆盖全球 48 个重要航空枢纽城市、经济中心城市的精品商务航线；[②] 形成覆盖法兰克福、芝加哥、辛辛那提、阿姆斯特丹等 14 个全球重要物流节点城市的国际全货运航线；重点规划形成 30 条服务对外交往、国际消费的优质文旅航线；[③] 提高到全球商务城市、新兴市场和旅游目的地的航班密度，实现至全球门户机场"天天有航班"；大力发展国际通程中转联运航线，重点培育欧洲与东亚、南亚、东盟、澳大利亚与新西兰经成都中转的洲际航线，成为欧洲、非洲、中东到南亚、太平洋、大洋洲的中转首选地。

6.2.4 构建"一市两场"同场化运行体系，实现"两场"效益最大化

"一市两场"同场化运营体系具有动态发展的特性，作为一种全新的多机场运营模式，在新机场运营初期与"一市两场"同场化运营成熟时期发挥的作用是一个动态变化的过程。为了实现"一市两场"机场运营初期和成熟期的不同目标，政府与市场在机场运营理念、空域划分、主基地航空公司培育、机场之间地面交通、空域资源的最大化利用等方面所发挥的角色是动态演变的，即为了实现城市航空枢纽不同阶段的战略目标，"一市两场"同场化运营体系需要依据机场发展目标来进行调整与优化。

---

① 成都：全面融入"一带一路"建设 [N]. 成都日报，2019 – 05 – 22.

② 成都市国民经济和社会发展第十四个五年规划和二〇三五年远景目标纲要 [Z]. 成都市人民政府官方网站，http：//gk. chengdu. gov. cn/govInfoPub/detail. action？id ＝ 2876436&tn ＝ 2.

③ 成都市发展和改革委. 成都市现代物流产业生态圈蓝皮书发布"48 ＋ 14 ＋ 30"国际航空大通道加快布局 [N]. 成都日报，2020 – 09 – 02.

明确"两场"的功能定位，形成功能互补，良性互动的运输服务。深入论证"两场"的功能定位，依据"两场"的空、陆资源情况以及未来发展趋势，合理划分双流机场和天府国际机场的功能定位，统筹"两场"国际国内枢纽、航线、基地航空公司、航空货运等的主要职能与分工，形成功能互补、相互促进的分工与合作，避免两个机场的恶性竞争，共同推动成都国际航空枢纽地位的提升。

明确政府与市场的关系，构建高效的同场化运营体系。在两个机场功能定位明确的框架下，在同场化运营初期，应发挥政府的引导与政策支持作用，对"两场"在基地航空公司划分、航空资源配置以及产业政策等方面进行引导与干预，保障同场化运营初期航空公司服务效率与开拓市场的积极性。在同场化运营进入相对稳定与成熟阶段，则应以航空公司与机场集团发挥主导作用，以"两场"差异化发展的基本准则在航线网络、价格、服务产品等方面以市场规律进行发展。

构建"两场"之间便捷的轨道交通联系，提升同场化运营效率。建设双流机场与天府国际机场之间快捷的交通联系。统筹考虑城市轨道、机场快轨、城际铁路等多元交通方式的便捷换乘，在集约利用土地空间资源的同时保障两场之间快捷的交通联系，保障"两场"之间客流中转与机场服务的高效运作，提升"两场"同场化运营的效率。

6.2.5　建设现代化智慧机场运营模式，提升机场空域效率和周转效率

建设现代化智慧机场运营模式，提升机场空域效率和周转效率。充分利用新兴和成熟技术，建立一条基于数字化系统网络的智能系统，联合双流机场、天府机场、城市主城区、产业园区、航线、物流和政府行政部门以及其他利益相关者，提高机场的感应－分析－反应能力。通过实时信息的畅通交流、所有利益相关者的深度跨部门合作以及机场运作总的流程整合，提高安保能力、运营效率以及旅客服务。[①] 推动完成 A－CDM 建设，借鉴学习慕尼黑机场智慧系统 CDM 和中国航信 A－CDM 系统，将机场的

---

① 吴琪，于占福，蒋明 . 我国智慧机场建设的机遇与挑战［J］. 热点聚焦，2019.

所有相关方包括航空公司、空管、机场运营商和地勤联合到一起，共享数据，[1] 提高决策制定能力和运营效率。

6.3 大力发展航空服务业，建设供应链枢纽城市

6.3.1 建设泛欧泛亚有重要影响力的供应链枢纽城市

着力引入大型跨国公司等相关优势企业。跨国公司是全球供应链体系中的核心载体和中坚力量，积极引进跨国公司和培育本土跨国公司，大力发展总部经济，提升全球资源配置能力和决策管理能力，是成都强化在全球供应链体系建设中组织引领作用的重要路径。着力吸引高技术、高附加值和高航空偏好型产业的大型跨国公司、研发机构来成都设立区域总部与供应链管理中心，带动供应链上下游企业聚集，推动供应链产业集群升级；积极引进全球领先的大型跨国物流企业、供应链服务企业和供应链咨询公司，重点发展国际物流、战略采购、生产外包、风险管理和供应链协作等业务，搭建供应链业务运营中心、供应链金融中心、供应链信息咨询中心和供应链技术研发中心，[2] 促进航空物流产业链融合发展，打造立足国内、辐射全球的供应链高端服务基地。

大力发展以空港自贸区为核心的口岸经济。将天府国际机场作为四川自由贸易试验区的扩区范围，大力发展航材租赁、飞机租赁、航空保险、商业保理、航空基金、跨境结算等自贸区航空金融服务业。争取国家政策支持，参考天津、郑州空港自贸区模式，围绕双流机场与天府国际机场大力发展以空港自贸区为核心的口岸经济，构建具有国际竞争力的航空产业发展监管模式，建设航空保税物流仓库，提高航空维修效率。依托自贸区政策优势与航空枢纽的高时效性运输优势，推动航空产业贸易、航空租赁、航空保税维修等航空直接相关产业的发展，同时推动电子信息、生物医药、保税购物、跨境电商等临空指向性产业的发展。对符合条件的企

---

① Deborah. 汉堡成欧洲第 25 个完全实施 A - CDM 的机场［DB/OL］. 民航资源网，http：//news. carnoc. com/list/423/423837. html.

② 尹纯建. 国际航空物流中心相关基础理论探析［J］. 综合运输，2018，40（6）：72 - 78.

业，简化高技术航空产品或技术进口以及国产民机产品出口的审批、清关等流程。

专栏：(天津) 自由贸易试验区天津机场片区

集聚高端产业：空港自贸区内形成了民用航空、装备制造、新一代信息技术、大众消费品、生物医药等高端制造业和现代服务产业集群。

发展航空产业全产业链：在空客、中航直升机等大项目的带动下，聚集50多个航空项目，打造了涵盖总装、航空配件、维修、融资租赁等多维一体的航空产业全产业链，产值突破1000亿元。

大力发展跨境货运空铁联运。成都建设泛欧泛亚有重要影响力的供应链枢纽城市，航空物流的发展是关键支点。借力以成都为核心的高速铁路网络布局骨架搭建完成，以及即将迎来的航空"一市两场"空中物流新机遇，成都亟须在发展空铁联运模式上进行深入探索。空间上，需在"两场"预留航空物流设施用地；航线安排上，统筹"两场"航线资源，保证货运航线网络覆盖及频次；机制上，打破空、铁封闭管理壁垒，积极建设联运体制机制，推广"一单制"物流模式，在国际中转物流、特色产品物流等方面做出成都特色。同时，积极扩大成都铁路网络高速发展带来的交通区位红利，以及逐步培养的"空铁联运"优势，以建设国际性的生产要素配送中心、信息资源交流中心和物流集散中心为依托，大力发展现代物流业，提升物流效率，降低物流成本。[①]

6.3.2 打造中西部最大的一站式航空综合维修保养基地

依托成都地处泛亚欧航线中点、庞大的航空运输机队规模、本地航空制造实力加速崛起等优势机遇，重点瞄准航空发动机及其部附件、飞机改装及再制造、军用及通用飞机（直升机）关键设备维修等高附加值领域，

---

① 曹桢．聚焦中西部物流：谁将成为中国"孟菲斯"［DB/OL］．证券时报，http：//company．stcn．com/2018/0322/14049167．shtml．

加快打造中西部最大的一站式航空综合维修基地。

高起点规划成都航空维修业。航空维修行业具有巨大增长潜力，成都拥有良好的基础和机遇。成都应该从双机场定位以及欧亚航空战略节点高度，高起点编制成都航空维修业发展专项规划，将成都建设成为世界重要的航空维修基地。

成都双机场建成之后，泛亚欧航线中点的战略地位将更加突出。充分利用机场枢纽优势、航空制造以及航空运输优势、区域经济总量优势、人才优势、区域腹地优势等复合优势，成都要瞄准泛亚欧民用航空维修大市场高起点定位航空维修业，一是强化与空客的深入合作，探索建立空客国际级维修基地；二是积极吸引国际航空龙头企业入驻；三是抢占 ARJ 支线飞机战略维修基地（成都航空是该机型首家以及最大运营者）和公务机维修基地，谋划大飞机维修；四是做大最强发动机维修。

重大做强航空发动机保税维修。从飞机维修的市值份额看，发动机维修是市场份额最大的部分，一般占整个飞机维修产业的 40% 以上。要重点以四川国际航空发动机保税维修项目为突破口，打造亚洲最大航空发动机维修基地。依托综保区四川国际航空发动机维修项目，建设保税维修中心，致力于 CFM56 发动机维护、修理和大修（MRO），并吸引关联企业项目落户区内，加快发展以发动机检测、清洗、叶片修复等为主的保税维修业务。

加快延伸航空维修及再制造产业链条。一是进一步延伸航空维修链条，充分挖掘飞机运营维护、飞机维修等业务巨大的市场潜力，立足天府国际机场的交通优势及民航二所的强势入驻，依托国航维修、四川维修、北京飞机维修工程有限公司（Ameco）、四川国际、俄罗斯直升机等企业（项目）和综合保税区平台，积极扩展航空产业价值链高端环节，实现针对多种机型，完善支线飞机的维修功能，适度发展公务机维修业务，发展发动机维修、部附件维修、机体维修和航线维护全产业链，提供"一站式"航空维修服务。二是探索发展航空再制造（客改货）新兴业务，加快成立或引入专业的飞机改装服务企业，力求在方案规划设计以及施工方面实现突破，打破国际大企业的资质、技术垄断，建设服务西南地区的飞机加改装基地。三是依托行业龙头企业打造航空附件维修产业基地，带动航空附件维修产业相关的上下游制造产业，拓链发展发动机维修培训、适航验证、产品安全技术设计检测等领域，激发产业集聚和带动效应，实现产业规模化发展。

积极发展航空维修过程中重要零部件的再制造业业务，拓展制造业产业链。同时，成都还应该积极瞄准飞机拆解市场。随着航空市场的发展和飞机飞行时间有效性的变化，全球航空拆解市场正快速扩展。瞄准这一市场，哈尔滨已经建立了全球最大、亚洲首个飞机循环再制造基地，包头也介入了这个市场。成都在这个领域具有后发优势，可将飞机深度维修及改装、飞机拆解及航材零部件维修再制造、航材管理及销售等多项系统有效融合，通过给航空公司提供买、卖、租、拆、改、换、修七大经营类别，为航空公司、租赁商和航材生产经销商提供多元化的飞机再处置解决方案。①

进一步扩大保税维修领域和区域范围。一方面，加快建设保税维修中心，以双流综保区为主体向国家部委申请区域整体开放开展境内外航空发动机及其部附件维修业务，争取将保税维修资格扩展至保税区所有维修企业，吸引国内外优势航空维修企业聚集四川发展。另一方面，借鉴天津的发展经验，针对国际主流公务机机型，积极发展公务机保税维修，为国内外客户提供公务机维护、修理、大修及商用飞机备件仓库运营等服务支持。

多途径加快推进航空维修项目建设和招引。一是加快推进以商招商，借力成都现有行业龙头资源，与国内外航空公司以及维修领域的龙头企业形成对接，同时，引进一定数量的原制造商（OEM）、零部件许可生产持有人（PMA）提供商等，形成集聚发展。二是借鉴北京利用服务业扩大开放试点政策经验，② 与国外大型航空维修企业合作，在飞机维修领域成立外商控股飞机维修企业。

多方式优化航材运输、仓储与供应。一是力争开通蓉欧航材运输班列，抓住四川省主要以空客机型为主的特点，积极加大与空客总部——法国图卢兹的协商洽谈，力争开通成都—图卢兹蓉欧班列，开展航材运输与

---

① 韩波，陈贺. 飞机循环再制造基地前景广阔［N］. 黑龙江日报，2018－06－11.
② 北京通航法荷航飞机航线维修有限责任公司，由北汽集团旗下北京通航有限公司与法荷航集团旗下法荷航维修工程公司于 2016 年 12 月共同建立，是北京市服务业扩大开放视点政策实施以来在飞机维修领域成立的首家外商控股飞机维修企业。

贸易。二是充分利用智能仓储技术，借助现有的实体仓储实现线上线下联动，通过汇总企业航材库需求清单，使用网络平台和现代物流，实现航材及时共享和供应。三是加快引进具有航材供应资质的企业，带动一批与机场运营相关的机场设备和航空材料企业集聚。

着力鼓励航空维修军民融合发展。积极对接、扎实推进国家推动军民融合深度发展的相关政策，在加快发展航空维修服务和再制造方面，鼓励军工企业进入民用航空维修领域，加快取得民用航空发动机、直升机维修资质，以客机、运输机、直升机、通用飞机的整机维修为主，发展飞机大部件及航空发动机的修理和大修，生产航空机械附件、航空电子电器仪表附件等零备件，发展公务机固定基地运营商，构建航空服务一体化保障体系。[①] 同时，加快培育世界级直升机维修基地。同时，推动通航营运公司、专业维修企业开展修理技术培训、维修备件保障等合作；规划通用机场建设军民两用维修保障平台；市政设施配套建设直升机起降条件，解决"最后10公里"落地问题；协调民航主管部门建立军民两用装备维修保障资质相互认可机制等。

6.3.3 打造面向全国的航空专业人才培养和职业教育基地

以民航系统人才需求和民航法规要求为指引，整合省内教育资源，进一步完善航空飞行、机务维修、空管、运营和安全管理等专业人才培养体系和职业教育体系，加大政策、资金支持力度，打造面向全国的航空专业人才培养和职业教育基地。

加快建设航空专业人才培训基地。抓住未来成都双机场航空培训巨大市场需求，逐步强化基础性和常规性航空培训能力，以中国民航飞行学院（空港学院）为核心，建设航空专业人才培训基地。一是建议采用院校合作或航空公司主导运营的方式，建立飞行员、乘务员培训基地，着力推动中飞院新校区发展，形成覆盖民航专业的专科、本科、研究生阶段的教育，建设成为国内一流、世界著名的航空培训学校。二是探索采用类似德国"双元制"培训方法，与广汉民航飞行学院等专业机务维修培训机构及

---

① 成都航空与燃机产业正"展翅高飞"［N］. 成都日报，2014 – 10 – 11.

国内航空公司共同设立双流联合培训中心，重点发展市场缺口较大的机务维修培训。三是积极拓展公务机等航空专业特色培训。四是积极针对通用航空谋划专业人才培训，尤其是无人机驾驶方面的人才培训。将航空专业人才培训与成都航空经济发展方向的有效融合，全面提升成都航空经济发展的人才支撑。

积极兴办各类通航培训机构。鼓励运营公司兴办飞行培训机构，如直升机或水上飞机运营公司，以及包机旅游公司等。鼓励私人飞行培训，并在培训方式、课程设置等方面更加体现灵活性和多样性，以培养更多的储备级飞行员，[①] 将飞行培训和飞行体验有效融合，提升航空文化，同时能解决生源不足以及航空公司负担过重的问题。加强校企合作，推动航校与通航运营企业深入合作，建立飞行实习基地。加大对航校的补贴力度，按照培训规模与最终成效给予奖励和补贴。

大力招引国际优质航校（飞行院校）落户成都。截至 2018 年我国认可的境外 141 部[②]航校已经达到了 27 家，且国内收购境外航校的案例在迅速增多。要抢抓航空培训市场兴起的机遇，鼓励省内投资者收购或加盟海外优质航校，学习其先进做法和经验，并逐步招引落户成都。学习借鉴法国民航大学（ENAC）与清华大学开展学术合作的经验，鼓励四川大学、电子科技大学、中国民航飞行学院与法国、美国等航空培训院校建立合作关系，成立专门研究航空领域的 EMBA 项目。政府出台相关政策，鼓励国际优质航校落户成都发展。

---

① 李仙勇．中美通用航空飞行培训市场对比分析［DB/OL］．民航资源网，http：// news. carnoc. com/list/402/402773. html.

② 是指具有民航局 CCAR141 部合格证（包括临时证）的飞行学校，91 部是指具有私用小型、私用大型、航空器代管、商业非运输领域的飞行培训机构。

第7章　成都航空经济发展的体制机制保障

7.1　加大财政金融支持，设立航空经济产业基金

航空经济产业基金作为航空金融的一种类型，是航空经济的重要组成部分，有利于更好地利用资本力量整合航空产业、完善航空产业链。

航空经济的诸多产业，尤其航空制造业是投资数额高、周期长的产业，需要更多的财政金融支持。各类航空经济产业基金通过对体系内各企业进行股权投资或控股收购，提升了投资对象的企业价值，优化了资本结构，[①] 同时促进企业和产业发展。为更好地促进成都航空经济各产业发展，还应当加大与商业银行和政策性银行的合作，进一步引进资金，建立航空制造、航空服务、通用航空等多领域航空产业基金，以现有航空企业与航空基地为依托，做大做强航空经济产业，利用航空经济产业的集聚效应，促进地区产业升级和科技发展，为地方经济注入新的活力。[②]

---

① 西部材料. 西部材料：第五届董事会第十次会议决议公告［DB/OL］. 中财网，https：//cn. bing. com/search.

② 陈奇. 央企产业投资基金研究［J］. 科技创新导报，2012（34）：197 - 199.

7.2　争取政策支持，推动产业创新发展

7.2.1　创建国家级航空经济示范区

创建国家级航空经济示范区是发展航空经济和促进航空产业发展的重要途径，是在产业政策和区域发展模式上开展先行先试的重要抓手。成都市政府应联合相关部门和企业，大力支持并积极参与和推动示范区建设，促进航空经济与地区经济同步发展，实现共赢。同时，以示范区建设为契机，积极争取四川省政府及国家相关部委的支持，努力在空域资源、航线补贴、土地优惠、口岸通关以及综合交通配套等方面获得突破，理顺管理体制，更新制约航空产业发展的制度，突破资金瓶颈，提升发展速度和发展水平，更好地服务于地区经济发展。①

7.2.2　设立成都航空经济产业功能区

建设"主导产业明确、专业分工合理、差异发展鲜明的产业功能区"是成都产业发展的重要战略，设立成都航空经济产业功能区是推动航空经济高质量发展的重要抓手和主要载体。依托产业功能区为空间载体，构建交通条件便利、产业特色鲜明、土地资源充裕的航空产业发展基地，促进航空产业研发和成果转化，有助于形成以创新为引领和支撑的航空产业体系。

7.2.3　争取其他国家平台项目及政策支持

积极争取航空产业相关的各类政策支撑。如在智能制造领域，为推动《中国制造2025》的实施，2017年11月，工业和信息化部印发《高端智能再制造行动计划（2018-2020年）》，提出要实施高端智能再制造示范

---

①　刘雪妮，姚津津. 机场发展临空产业的思考－无锡苏南国际机场［D］. 北京：中国民航科学技术研究院，2021.

工程、建设高端智能再制造产业公共信息服务平台。成都应扶持和推动《中国制造2025》重点领域之一的航空发动机与燃气轮机相关企业发展，争创高端智能再制造示范企业，争取相关政策支持。此外，航空制造其他产业、航空枢纽、航空服务以及航空引致相关的生物医药、电子信息等均有众多扶持政策，应鼓励相关企业密切关注、积极争取政策支持，推动产业创新发展。

7.3　营造创新环境，集聚航空经济发展高端要素

7.3.1　加快推进公园城市建设，营造国内领先的宜居、创新、开放环境

洛杉矶、新加坡、纽约、伦敦、西雅图等国际城市在发展过程中都非常重视城市宜居环境的建设，以国际化的高品质宜居环境推动创新环境的建设，提高城市的开放包容性，进而集聚现代产业发展的各项高端要素。宜居、开放、包容是成都自古以来的城市特征，也是成都新时期城市竞争力的核心体现。建设公园城市已成为成都新时期发展的战略目标。

对当代航空航天创新中心城市洛杉矶进行案例研究发现，不同于传统航空产业城市，洛杉矶已经经历了从传统航空制造向航空航天研发的升级转型。它的转型的成功不再依赖于国家战略部署，而是因其得天独厚的气候条件、着力打造的良好宜居环境、完善的娱乐休闲设施、高效的交通基础设施、低廉的房屋租金、丰富的创业机会和资金吸引了全美乃至全球航空航天领域的优秀人才在这里聚集。

成都在推动航空经济的发展和产业培育的同时，要以公园城市发展理念为指导，将城市公共服务、生态、生活、生产高度统一起来，形成彰显成都特色的具有国际水平的城市风貌，提供良好的生活环境，提升成都吸引全球投资和高端人才的集聚能级，进而推动成都航空经济领域高端人才、信息、资金等要素的集聚。

7.3.2　紧密围绕建设全国服务业核心城市，打造航空文化之都

成都航空经济发展的远期目标是建设航空大都市，除了产业方面的发展壮大，航空文化的培育发展情况也是衡量一座城市是否能被真正视为航空大都市的重要标准。从西雅图、图卢兹为代表的航空城市的发展历程可以看出，航空城市并不等于航空制造的巨型工厂。而只有宜居舒适、文化氛围浓郁的城市才能真正持续地吸引高端人才驻足。国际上著名的航空城市长期以来都在致力于航空科技与航空文化的深度融合，营造城市的航空文化氛围和高科技气质。

成都市在建设国家中心城市的核心战略框架下提出以提质增效为中心，增强"成都服务"主体功能的政策，努力将成都建设成为高端服务功能集聚、辐射带动作用明显的全国服务业核心城市。为实现这一目标，在《成都市服务业发展 2025 规划》中提出了十大行动计划，如表 7-1 所示。成都在推进航空经济发展中，需要着重在城市服务业方面下功夫，紧密围绕十大行动计划大力推动临空商业、临空主题娱乐休闲、航空文化旅游、机场服务、"非凡"机场体验、航空设计研发、航空会展、航空信息平台开发、航空文化博物馆、航空金融等航空经济服务业与航空文化产业的发展，将成都打造成为国内首个航空文化之都。

表 7-1　围绕建设全国服务业核心城市的航空文化之都的计划方案

序号	十大行动计划	航空文化之都内容组成
1	国际购物天堂	国内首个"非凡"机场体验，临空商业中心
2	世界旅游目的地城市	大型临空主题娱乐休闲产业　航空文化旅游
3	国际美食之都	机场及临空特色美食街区
4	国际门户枢纽	航空运输服务、机场服务业、航空维修等
5	创业天府	无人机设计、航空综合服务信息平台
6	国际会展名城	打造国内航空展第三城
7	文化创意名称	飞行器设计、航空博物馆、文化馆
8	国际赛事名称	无人机、航空飞行等国际国内赛事
9	互联网＋	机场服务、航空运输信息共享平台开发与设计
10	金融创新	航空租赁、航空金融服务

资料来源：项目组整理。

7.3.3　全面提升成都对外开放能力，形成航空经济国际合作凝聚力

一个城市的对外开放水平对城市产业发展、城市竞争力有决定性的影响作用，大多世界城市都具有多元国际化的开放环境，洛杉矶、纽约、伦敦、新加坡、上海等世界城市在国际交往、国际合作、国际枢纽、国际金融等方面都具有全球领先的开放度和包容度。党的十九大报告中也将构建全面对外开放新格局作为新时期国家的重要战略部署。成都作为新时期的国家中心城市，应发挥四川省首位城市的辐射带动作用与历史担当，全面提升对外开放能力和水平，主动服务"一带一路"建设，高水平建设西部国际门户枢纽和内陆开放高地，从全球视野出发形成具有世界城市水平的对外开放格局。

高水平建设西部国际门户枢纽。树立国际视野、放眼全球坐标的发展理念，围绕"一市两场"、蓉欧铁路，建设泛欧泛亚、向西向南开放的全球城市网络节点，成为中西部地区开发开放的门户枢纽。①

全面提升对外开放平台服务水平。以融入"一带一路"建设、长江经济带等国家战略布局为目标，全面提升天府新区、双流机场、天府国际机场、蓉欧班列、自贸区、综合保税区等对外开放平台在金融、贸易、政策、土地、人才、国际商务服务等方面的服务能力与水平，把成都打造成为立体全面开放格局的核心空间载体。

建设国际交往中心城市。大力实施"国际资源引入"计划，吸引更多国际机构、跨国公司、旅游代表处等落户成都，构建经贸机构合作伙伴网络，让驻蓉领馆、国际机构、国际友城成为外资企业进入成都的桥梁。提升成都国际交往承载能力，加快成都国际会议中心建设，使成都成为国际资源集成转化高地。

---

① 余蕊均. 内陆开放"合唱"：新开放观下的成都　向世界张开怀抱［N］. 每日经济新闻，2018－11－05.

7.4　探索体制机制改革，顺利助推产业健康发展

7.4.1　建设国家低空空域管理改革试点城市

1. 制定空域梯次管理制度

加快形成空军、部委和地方政府统筹协调、分工合作、信息共享的低空空域划设工作机制，设立全域"空域开放试验区"，有序开放 3 000 米以下空域，[①] 并力争开放到 4 000 米，合理划设低空目视飞行航线，方便通用航空器快捷机动飞行。同时，要在全省各通航区域设立有效的互通低空航线，[②] 避免出现重庆通航区域孤立且难以互通的弊端，提升通航效率。[③]

2. 简化通航飞行审批流程

争取在航空管理部门的支持下，加快示范区飞行安全监控管理及飞行服务体系的建设，完善基础性航空资料情报体系，优化飞行服务，简化飞行任务审批，归口统一办理飞行计划一站式申请服务体系，提高审批效率。

---

① 按照国内民航业普遍使用的概念，100 米以下为超低空；100 ~ 1 000 米为低空；1 000 ~ 6 000 米为中空；6 000 ~ 14 000 米为高空；而美国则把 3 000 米以下均划归低空。载客飞行一般要求高度在 2 000 米以上，如果仅开放 1 000 米空域，大多为农林灌溉等作业飞行，对通航产业的刺激作用比较有限。

② 低空航线所划设的监视、报告空域和低空航线主要位于经济发展水平相对较低的渝东南、渝东北边远地区，空域相对孤立且难以连接成片，远离现有机场网络和具备市场需求的人口密集区。

③ 现阶段的低空空域开放程度不高，划设不合理，大部分未划设有效的互通低空航线。过去几年重庆管制分区便面临这一问题，其划设了 9 个监视空域、5 个报告空域及 6 条低空航线，但划设的监视、报告空域和低空航线主要位于渝东南、渝东北边远地区，空域相对孤立且难以连接成片，远离现有机场网络和具备市场需求的人口密集区。

3. 建立低空空域协同运行中心

建立多方参与的低空协同运行中心，构建多单位合作信息共享的平台，探寻切实可行的无人机管理方案，确保低空空域合理安全地运行。

专栏：我国低空空域改革进程①

低空空域管理改革，是 2000 年空军将航路航线移交民航管制指挥后的又一次深刻革命，至今已历时 22 年。大体可分为三个阶段。

第一阶段，2000 年至 2010 年，为低空空域管理改革筹划论证阶段。低空空域管理改革列入国家空管委 2000 年工作计划，组织国内外考察，明确低空空域管理改革总体设想和主要任务，组织空军小范围改革试点，召开全国低空空域管理改革研讨会，统一思想认识。

第二阶段，2010 年至 2014 年，为低空空域管理改革集中试点阶段。2010 年 8 月下发《关于深化我国低空空域管理改革的意见》，明确低空空域管理改革目标任务，组织较大范围的低空空域管理改革试点，涉及全国 14 个省区市，试点地区占全国空域范围的 33%。据统计，试点地区共划设各类空域 254 个，其中管制空域 122 个，监视空域 63 个，报告空域 69 个，另划设低空目视航线 12 条；通航飞行计划报批时限由原来前一天 15 点前缩短为飞行前 4 小时，监视空域报批时限只需在飞行前 1 小时、报告空域报批时限只需在飞行前半小时提出，极大地方便了通航用户，改革试点取得积极成果。

第三阶段，2015 年至今，为低空空域管理改革综合试点阶段。低空空域管理改革在全国多地展开多种形式的试点，2015 年国家空管委批准济南和重庆地区开展低空空域管理和通用航空发展综合配套改革试点；2016 年国家空管委批准在珠三角和海南地区开展空域精细化管理改革试点；2017 年民航局批准在西北地区组织通用航空低空空域监视与服务试点；2018 年国家空管委批准由四川省政府牵头，军民航和当地公安部门共同参与的低

---

① 低空空域管理改革回顾与展望［DB/OL］. 中国民航网，http：//www.caacnews.com.cn/zk/zj/qunyantang/201804/t20180416_1245470.html.

空空域协同管理改革试点。2020 年底，完成建立科学的空管理论体系、法规体系、运行管理体系和服务保障体系，实现低空空域资源充分开发和有效利用。

7.4.2　聚焦航空产业领域，创建国家军民融合创新示范区

1. 强化军民融合机制及路径建设

强化军民融合机制及路径建设，尤其是民参军的机制和路径。一是推动非军工企业积极参与军品研发及制造，鼓励军工企业与非军工企业打造合伙企业，拓展非军工企业参军的渠道。二是依靠市场化的手段，通过具有核心带动力的大飞机项目，从需求端主动吸引军工企业及院所的参与，形成包括军方单位在内的多方参与机制。三是鼓励军工企业与非军工企业在零部件制造、基础材料供给、资质获取、重大专项研发合作、重大专用设备共享等方面展开深度合作。四是学习借鉴西安股份制改造、军民用技术双向转移等经验，大力推动航空产业从军品型号研制体系向军民融合发展的产业体系转型，积极引导民营资本和国际资本参与航空产业发展。

2. 加快军民融合高新技术产业基地建设

探索并积极推进军民融合高新技术产业基地加快建设，进一步推进国家军民两用技术交易中心、省级军民两用技术转移和产业孵化中心建设，①扩大军民融合科技支行、保险支行运作规模和市场覆盖范围，依托产业园区和高校搭建军民融合创客空间、孵化器、加速器，扩大军民融合产业基金规模。

3. 成立省市级航空军民融合专项推进领导小组，统筹军民航空产业资源

发挥"一干"作用，成立省市联合的航空军民融合专项推进领导小组，统筹整合军民航空产业资源，建立协作沟通机制、区域协调机制和企

---

① 杜雨洲. 为 2018 年四川全面创新改革任务划重点——争创国家军民融合创新示范区 [N]. 四川日报, 2018 - 02 - 04.

业交流机制,[①] 协调相关管理权限与体制壁垒等问题，推动航空军民融合切实发展。同时，由政府牵头打造航空经济军民融合发展服务平台，包括投融资服务平台、人才培养平台、检验检测平台、创新创业平台、信息交流平台、技术转移平台和成果展示平台等，通过平台实现信息共享，打破军民融合过程中的信息壁垒。

4. 积极争取国家航空制造专项军民融合政策

积极争取中央军民融合发展委员会、国家发改委、国家民航局等机构和部委的大力支持，强化更高层面的军民融合顶层设计，以发展壮大航空产业为牵引，全力打造航空制造军民融合深度发展示范区，推动形成全要素、多领域、高效益的军民深度融合发展格局。成都要积极推进相关民企及政府平台积极作为参与混改，争取有关部门的支持，将在川的航空业相关国防军工企业纳入四川全面创新改革方案作用范围，允许四川先行先试，率先推进军工科研院所改制，推进军工资产证券化。同时，全面提升地方产业发展主动权以及军工企业与地方的融合发展逻辑关系，加大对航空制造企业的财税优惠力度，积极推动航空类科技重大专项和战略性新兴产业在蓉实施和发展。航空制造军工企业应以更为开放的态度，鼓励更多地方性企业参与配套生产，提升对地方经济的贡献程度。

7.4.3 完善航空经济推进机构建设，统筹协调成都航空经济发展

1. 强化和完善现有成都航空经济领导办公室的职能

强化和完善现有成都航空经济领导办公室的职能，由市委主要领导兼任办公室主任，在对接国家宏观政策、争取国家重大项目、航空经济产业招商引资、临空经济区发展等方面统筹协调，提高行政服务与协调效率，推动航空经济快速发展。

---

① 马倩 . 西安航空基地全力推进"七个融通"特色双创体系［DB/OL］. 凤凰网陕西综合，http：//sn. ifeng. com/a/20181220/7110196_0. shtml.

2. 组建航空经济专业招商队伍

加快组建专业化的航空经济招商团队，围绕国际国内已选定的和潜在的配套供应商，从中选取一批目标企业，有针对性地开展招商引资工作，引入优质配套企业。鼓励本地现有企业与大飞机项目对接配套，鼓励各类资本积极投资民用航空产业，为现有企业和各类资本进入民用航空产业创造有利条件。

3. 完善航空人才引进通道建设

加大与国内外著名航空院校合作共建，依托高校及科研院所加快培养和储备一批航空专业人才，为航空经济人才引进开辟"绿色通道"，吸纳国内外一流航空专业人才。[①] 同时将航空产业发展急需的研发设计、适航认证等方面人才纳入本市战略性新兴产业紧缺人才开发目录，支持航空制造产业链重点企业引进各类优秀人才，以及将航空产业人才列入海外高层次人才重点引进方向。[②]

4. 加快建立航空经济智库

加快建立航空经济智库，积极筹建航空经济专家委员会，为产业发展提供决策咨询和技术支持，完善航空经济决策咨询制度。组建成都市航空经济协会，汇集航空相关企业、大学、科研机构、政府主管部门、机场等航空经济相关机构，建立信息交流和沟通平台。[③]

7.4.4　优化"两场"临空经济区管理体系，推动临空经济区发展

1. 成立"两场"协调对接机构

分别成立市级直属的双流临空经济区管委会与天府国际机场临空经济

---

①　上海市浦东新区经济和信息化委员会. 浦东新区民用航空产业"十二五"及远景规划 [R]. 上海市浦东新区人民政府官网，https：//www. weizhuannet. com/p－6496637. html.

②　上海市经济和信息化委员会. 上海市航空制造产业链建设三年行动计划（2018－2020）[R]. 东方网，http：//shzw. eastday. com/shzw/n1102226/n1121496/u1ai11426716. html.

③　张志强. 天津临空产业区发展航空产业思路探讨 [J]. 求知，2010（3）：5－36.

区管委会，从航空枢纽、空港新城开发建设等方面出发，统筹考虑政府、机场集团、基地航空公司、铁路公司、轨道公司等多方利益，提高机场及周边地区运营与建设效益，有效地推动"两场"临空经济区的全面发展。

2. 明确"两场"分工协作机制

参照"双流学虹桥、天府学浦东"的原则实施差异化发展战略，坚持以最大限度满足网络型航空公司运营需要为出发点，通过以枢纽航空的理念设计或优化中转流程、跑道、停机坪等设施，科学划分两机场功能，合理布局航线网络，提高航班衔接能力，不断优化国际中转流程，既发挥双流机场现有基础设施的作用，也要发展好天府机场的规划功效。各自构建完善"优势互补、差异发展"的枢纽航空系统，建设两机场之间中转的快速运输系统，合力构建以双流机场、天府机场为核心，西部地区干线机场为骨干，支线和通勤机场为补充的面向东南亚、欧洲、中东、非洲，并辐射中西部的"双枢纽"综合体系。①

3. 完善多式联运组织机制

加强空陆运输协调，推进以机场为核心的综合交通枢纽之间的互联互通，实现航空、公路、铁路的无缝衔接与高效换乘，多式联运放大航空关联产业范围。积极发展空铁联运，以天府国际机场为核心，构建起联通省内主要区域的货运铁路网，在更大范围内发展航空关联类产业。可借鉴德国法兰克福模式，采用"空铁联运""代码共享"的方式，与省内区域建立联系，拓宽机场辐射范围，放大机场效应。

---

① 成都建设中国西部国际航空枢纽研究［J］. 调查与决策，2017（11）.

参 考 文 献

［1］白宇．中国商飞：支撑强国之翼［N］．经济参考报，2017 - 10 - 23.

［2］包世泰，李峙，王建芳等．空港经济产业布局模式及规划引导研究——以广州白云国际机场为例［J］．人文地理，2008，23（5）：27 - 31.

［3］卜鹏楼．低空经济、通航产业：辽宁发展新动力［J］．辽宁经济，2013（8）：9 - 15.

［4］曹江涛．临空经济区与区域经济发展的互动关系研究［D］．南京：南京航空航天大学硕士论文，2007.

［5］曹用．"航空之都"的禀赋——加拿大蒙特利尔航空产业发展的启示［J］．大飞机，2013（6）：44 - 47.

［6］曹允春，沈丹阳．以空港为核心、构建航空大都市的关键要素研究［J］．港口经济，2013（1）：42 - 47.

［7］曹允春，席艳荣，李微微．新经济地理学视角下的临空经济形成分析［J］．经济问题探索，2009（2）：49 - 54.

［8］曹允春，踪家峰．谈临空经济区的建立和发展［J］．中国民航学院学报，1999，17（3）：60 - 63.

［9］曹允春．临空经济：速度经济时代的增长空间［M］．北京：经济科学出版社，2009：41 - 49.

［10］曹允春．临空经济发展的关键要素、模式及演进机制分析［J］．城市观察，2013（2）：5 - 16.

［11］曹允春．临空经济演进的动力机制分析［J］．经济问题探索，2009（5）：140 - 146.

［12］曹允春．中枢机场在区域经济发展中的作用［J］．经济地理，2001（2）：240 - 243.

［13］曹桢．竞逐"中国版孟菲斯"要走差异化路径［N］．证券时报，2018－06－24．

［14］陈奇．央企产业投资基金研究［J］．科技创新导报，2012（34）：197－199．

［15］陈绍旺．国外航空城发展的经验与启示［J］．国际经济合作，2009（4）：28－32．

［16］陈原．民用航空制造业供应链协调管理研究［D］．中南大学，2007．

［17］成都：全面融入"一带一路"建设［N］．成都日报，2019－05－22．

［18］成都国家中心城市．成都市产业发展白皮书2017［M］．电子科技大学出版社，2017．

［19］成都航空与燃机产业正"展翅高飞"［N］．成都日报，2014－10－11．

［20］成都市发展和改革委．成都市现代物流产业生态圈蓝皮书发布"48＋14＋30"国际航空大通道加快布局［R］．成都日报，2020－09－02．

［21］成都市国民经济和社会发展第十四个五年规划和二〇三五年远景目标纲要．成都市人民政府官方网站，http：//gk. chengdu. gov. cn/govInfoPub/detail. action? id＝2876436&tn＝2．

［22］成都市双流区人民政府．加密航线，开放的双流通达全球［DB/OL］．双流网，http：//www. shuangliu. gov. cn/slqzfmhwz/c122197/2018－06/21/content_acccccc3276434f07a9248c9aade13a51. shtml．

［23］崔婷，曹允春．临空经济发展状况评价与发展阶段判定研究［J］．技术经济与管理研究，2010（3）：110－115．

［24］丁宁．成都将再添一个新机场［N］．华西都市报，2020－10－16．

［25］丁赛赛，谭鸿益．避免战略产业贸易冲突的分析——以欧美大飞机补贴冲突为例［J］．对外经贸实务，2011（1）：43－45．

［26］丁亦俊，蔡圣佳，张晓峰．航空物流业发展现状及对策分析［J］．现代商业，2012（17）：22－23．

［27］董娟．航空港经济区产业特征与空间布局模式研究［D］．西安：长安大学硕士论文，2008．

［28］杜人淮. 国防工业全要素军民融合深度发展及其实现机制［J］. 南京政治学院学报，2015，31（4）：57－63.

［29］杜雨洲. 为2018年四川全面创新改革任务划重点——争创国家军民融合创新示范区［N］. 四川日报，2018－02－04.

［30］范坤鹏，范坤鹏. 成都航空产业今年将引进整机制造项目［N］. 成都报道，2018－01－19.

［31］冯登艳. 航空经济发展的金融支持与创新研究［M］. 北京：社会科学文献出版社，2018.

［32］冯智贵. 国内外临空经济研究综述［J］. 物流工程与管理，2012（3）：154－157.

［33］付斯颖. 国家级商业航天项目鸿雁星座首颗试验卫星"重庆号"发射成功［DB/OL］. 两江新区官网，http：//www.liangjiang.gov.cn/Content/2018－12/29/content_490321.htm.

［34］顾强. 工业级无人机的"川派江湖"［N］. 四川日报，2018－04－17.

［35］管驰明. 从"城市的机场"到"机场的城市"——一种新城市空间的形成［J］. 城市问题，2008（4）：25－29.

［36］郭鸿雁，侯燕. 航空文化：理论、实践与产业发展［M］. 北京：社会科学文献出版社，2017.

［37］郭军峰. 河南打造"空中丝绸之路"的优势及对策研究［J］. 对外经贸，2019（1）：79－81，89.

［38］郭颖婷. 公务机衍生服务业浅析［J］. 空运商务，2013（9）：57－60.

［39］国家发展改革委. 郑州航空港经济综合实验区发展规划（2013－2025年）［R］. 中华人民共和国国家发展和改革委员会网站，2013－03－08.

［40］国家环境保护总局. 建设项目环境影响报告表－西安阎良国家航空高技术产业基地［R］. 中央人民政府官方网站. http：//www.gov.cn/zhengce/zhengceku/2021－01/04/content_5576531.htm.

［41］国家制造强国建设战略咨询委员会. 中国制造2025重点领域技术路线图［M］. 北京：电子工业出版社，2018.

［42］韩波，陈贺. 飞机循环再制造基地前景广阔［N］. 黑龙江日

报，2018 - 06 - 11.

[43] 郝爱民，薛贺香．航空经济区产业发展研究 [M]．北京：社会科学文献出版社，2017.

[44] 郝爱民．航空经济的基本内涵、特征和分类——兼谈郑州航空港综合实验区发展策略及路径 [J]．开封大学学报，2014，28 (1)：24 - 28.

[45] 何娟．国际航空盛事展现中国力量——写在中国航展创办25周年之际 [DB/OL]．和讯新闻，http://news.hexun.com/2021 - 09 - 23/204408331.html.

[46] 侯小聪．关于中国航空食品发展有关问题的探讨 [J]．空运商务，2011 (8)：9 - 16.

[47] 胡兴旺，张志宏，冯祖阳．财税改革与航空经济研究报告 [M]．北京：社会科学文献出版社，2017.

[48] 胡月晓．东北振兴、产业集聚和政策实施次序 [J]．南都学坛，2018，38 (6)：105 - 112.

[49] 华西都市报记者．成都今后可维修C919"大脑" [N]．华西都市报，2016 - 11 - 03.

[50] 黄抑．整合空港优势，壮大临空经济——以成都双流临空经济区建设为例 [J]．空运商务，2007 (19)：17 - 20.

[51] 贾远琨，毛海峰．C919推动中国民机产业大升级 项目前景须经受市场检验 [R]．经济参考报，2015 - 11 - 12.

[52] 金碚．中国制造2025 [M]．北京：中信出版社，2015.

[53] 金凤君，王成金．轴 - 辐侍服理念下的中国航空网络模式构筑 [J]．地理研究，2005 (5).

[54] 金忠民．空港城研究 [J]．规划师，2004 (2)：79 - 81.

[55] 景州．浦东机场世界级双枢纽建设初探 [J]．空运商务，2016 (10)：24 - 29.

[56] 李海燕．全球航空业发展中值得关注的若干问题 [DB/OL]．中国民航网，http://caacnews.com.cn/1/88/201811/t20181115_1260738.html.

[57] 李航，孙薇．我国航空运输未来发展趋势分析 [J]．经济研究导刊，2013 (11)：65 - 67.

[58] 李宏斌．试论航空经济的概念与发展 [J]．北京航空航天大学

学报（社会科学），2014，27（2）：85－88.

［59］李俊峰．浅谈我国通航产业发展现状和趋势［N］．中国航空报，2017－09－12.

［60］李凌．郑州航空港区总体规划出炉，2040年常住人口260万［N］．东方今报，2016－01－11.

［61］李凌岚．空港地区发展进程及阶段研究——以长沙黄花机场为例［J］．工程科技，2014.

［62］李美静．践行军民融合，深化改革创新，助力航空强国［N］．中国航空报，2018－07－31.

［63］李晓航．郑州：优势变为胜势，崛起中原腹地［N］．徐州日报，http：//cmstop.cms.cnxz.com.cn/p/15526.html.

［64］李晓江，王缉宪．航空港地区经济发展特征［J］．国际城市规划，2001（2）：213－216.

［65］李秀中．国家战略布局加持，西部这四个城市开启机场大扩建［N］．第一财经，2020－06－01.

［66］李璇．2017年全球机队及MRO市场预测［J］．航空维修与工程，2017（5）：26－30.

［67］梁建刚．通航产业如何五年发展到万亿［N］．解放日报，2017－04－14.

［68］刘畅．成都：国家中心城市建设瞄准高质量［N］．经济日报，2018－06－22.

［69］刘济美．一个国家的起飞：中国商用飞机的生死突围［M］．北京：中信出版社，2016.

［70］刘婧婷，吴亚雄．陕西省航空航天科技实力全国领先［DB/OL］．人民网，http：//scitech.people.com.cn/n1/2018/0703/c1057－30106930.html.

［71］刘武君．国外机场地区综合开发研究［J］．国外城市规划，1998（1）：31－36.

［72］刘武君．航空城规划［M］．上海：上海科学技术出版社，2013.

［73］刘雪妮，姚津津．机场发展临空产业的思考——无锡苏南国际

机场［D］. 北京：中国民航科学技术研究院，2021.

［74］刘雪妮. 我国临空经济的发展机理及其经济影响研究［D］. 南京：南京航空航天大学博士论文，2008.

［75］路紫. 空域学概论［M］. 北京：高等教育出版社，2016.

［76］罗向明. 深度｜国家级临空经济示范区落子双流的 N 个理由［DB/OL］. 川观新闻，https：//cbgc. scol. com. cn/news/22133.

［77］吕斌，彭立维. 我国航空都市区的形成条件与趋势研究［J］. 地域研究与开发，2007，26（2）：11 – 15.

［78］吕佳.《中国制造 2025》解读之：推动航空装备发展［DB/OL］. 中国政府网，http：//www. gov. cn/zhuanti/2016 – 05/12/content_5072767. htm.

［79］马倩. 西安航空基地全力推进"七个融通"特色双创体系［DB/OL］. 凤凰网陕西综合，http：//sn. ifeng. com/a/20181220/7110196_0. shtml.

［80］毛克庭. 机场临近地区空间布局研究——以南京禄口空港经济区为例［R］.2012 中国城市规划年会.

［81］美国通用航空签署购买 10 架中国 C919 客机意向书［DB/OL］. 新浪航空，http：//mil. news. sina. com. cn/2010 – 11 – 18/0829619663. html.

［82］民航局.2017 年民航行业发展统计公报［R］. 民航局网站，http：//www. gov. cn/xinwen/2018 – 05/22/content_5292710. htm.

［83］欧阳杰. 我国航空城规划建设刍议［J］. 规划师，2005（4）.

［84］欧阳亮. 我国进军航空发动机产业［DB/OL］. 中国经济网，http：//www. ce. cn/aero/201607/04/t20160704_13396303. shtml.

［85］攀枝花市经济合作局. 四川航空与燃机产业投资促进分析报告［DB/OL］. http：//www. panzhihua. gov. cn/tzfw/tzzn/tzdx/797119. shtml.

［86］钱思佳. 我国大飞机产业发展战略研究［D］. 上海交通大学，2008.

［87］让国产大飞机成为新时代上海制造的代表作［DB/OL］. 上海市经济与信息化委员会官方网站，http：//www. spspa. org/info/2236. jspx.

［88］上海市经济和信息化委员会. 上海市航空制造产业链建设三年行动计划（2018 – 2020）［R］. 东方网，http：//shzw. eastday. com/shzw/

n1102226/n1121496/u1ai11426716. html.

［89］沈露莹. 世界空港经济发展模式研究［J］. 世界地理研究，2008（3）：19 – 25.

［90］施少华. 中国枢纽机场发展展望［J］. 中国民用航空，2011（2）：45 – 48.

［91］史影. 国际航协：推动航企实时结算，旅客"一证通关"［DB/OL］. 中国民航网，http：//www. caacnews. com. cn/1/88/201611/t20161123_1205594. html.

［92］苏海龙，纪立虎，钱欣，等. 航空都市区的发展和实践［M］. 北京：中国建筑工业出版社，2015.

［93］孙波，金丽国，曹允春. 临空经济产生的机理研究［J］. 理论探讨，2006（6）：93 – 95.

［94］孙军政. 中国梦航十五载［DB/OL］. 中国国际航空航天博览会官方网站，https：//www. airshow. com. cn/Category_1175/Index_1. aspx.

［95］孙茂强. 飞机驾驶舱半仿真硬件方法研究及实现［D］. 中国民航大学，2011.

［96］孙卫国. 重磅｜低空空域管理改革回顾与展望［DB/OL］. 中国民航网，http：//www. caacnews. com. cn/zk/zj/qunyantang/201804/t20180416_1245470. html.

［97］汤宇卿，王宝宇，张勇民. 临空经济区的发展及其功能定位［J］. 城市规划学刊，2009（4）：53 – 60.

［98］唐琼. 航空大都市发展及其启示［J］. 时代金融，2015（23）：301 – 302.

［99］王宝宇，汤宇卿. 我国大型机场空港经济区规划探究——以杭州国际空港新城概念规划为例［R］. 2009 中国城市规划年会.

［100］王菲. 三生融合航空新城，助力空中"新丝路"，打造开放"新引擎"［DB/OL］. 中央广电总台国际在线，http：//sn. cri. cn/n/20180907/57b0b349 – c783 – 4a15 – bf49 – 12752a1d76ed. html.

［101］王佳爱. 西安航空基地全力打造航空军民融合深度发展先行区［DB/OL］. 西部网，https：//www. cnr. cn/sxpd/sx/20170821/t20170821_523910899. shtml.

[102] 王景霖. 飞机地面保险车辆液压缸闭环数字式控制系统开发产当研究 [D]. 南京：南京航空航天大学，2010.

[103] 王科. 上海民用航空产业发展研究 [D]. 上海交通大学，2012.

[104] 王嵩. 通航产业大发展，正定首家直升机起降点落成 [DB/OL]. 河北新闻网，http: //jt. hebnews. cn/2018 − 12/25/content_7156591. htm.

[105] 王婷婷. 论空港经济区与城市经济发展的互动关系——以昆明空港经济区为例 [J]. 现代经济信息，2012 (22)：290 − 294.

[106] 王晓川. 国际航空港近邻区域发展分析与借鉴 [J]. 城市规划汇，2003 (3)：65 − 68.

[107] 王旭，马航，任炳文. 我国枢纽机场航站楼商业业态配比与布局分析研究 [J]. 华中建筑，2012，30 (9)：39 − 43.

[108] 魏杰. 关注临空经济新现象 [N]. 日报，2004 − 05 − 28.

[109] 魏君. 高速增长后的谨慎乐观——全球航空运输业发展预测与展望 [J]. 大飞机，2019 (3)：54 − 58.

[110] 魏志甫，周占杰. 支持郑州航空港经济综合实验区的财政政策研究 [J]. 财政研究，2014 (1)：66 − 69.

[111] 文瑞. 试论航空港经济概念的新发展 [J]. 河南科技大学学报 (社会科学版)，2015，33 (2)：81 − 85.

[112] 吴琪，于占福，蒋明. 我国智慧机场建设的机遇与挑战 [J]. 热点聚焦，2019.

[113] 吴晓波，朱克力. 读懂中国制造 2025 [M]. 北京：中信出版社，2015.

[114] 夏占义，李平. 临空经济理论与实践探索 [M]. 北京：中国经济出版社，2006.

[115] 肖刚，王科，敬忠良. 上海民用航空产业发展研究 [M]. 上海：上海交通大学出版社，2013.

[116] 徐恩华. 民用航空工业发展现状及趋势分析 [J]. 科技视界，2020 (4)：232 − 234.

[117] 徐浩然，许箫迪，王子龙. 产业生态圈构建中的政府角色诊断 [J]. 中国行政管理，2009 (8)：83 − 87.

[118] 徐妍，冯新刚. 世博会，上海人才工作的新机遇 [J]. 神州学人，2010 (10)：7 – 12.

[119] 闫永涛，吴天谋，刘云亚，李晓晖. 基于圈层影响模式的空港经济区规划——以广州空港经济区为例 [J]. 规划师，2010 (10)：57 – 61.

[120] 杨铁虎. 幸福珠海：中国航展先行者的脚印 [DB/OL]. 人民网，http：//world. people. com. cn.

[121] 杨鑫. 德国法兰克福城市发展经验与郑州国家中心城市建设 [J]. 现代商业，2018 (30)：89 – 90.

[122] 杨友孝，程程. 临空经济发展阶段划分与政府职能探讨——以国际成功空港为例 [J]. 国际经贸探索，2008 (10)：69 – 73.

[123] 姚士谋，王书国等. 国际空港的大区位及其规划布局问题——以广州新白云机场为例 [J]. 人文地理，2006，21 (1)：56 – 59.

[124] 尹纯建. 国际航空物流中心相关基础理论探析 [J]. 综合运输，2018，40 (6)：72 – 78.

[125] 约翰·卡萨达，格雷格·林赛. 航空大都市：我们未来的生活方式 [M]. 郑州：河南科学技术出版社，2013.

[126] 约翰·纽豪斯. 最高的战争波音与空客的全球竞争内幕. 北京师范大学出版社，2007.

[127] 于慧. 大国又添重器，我国自主装备刷新研发进度条新技术 [R]. 中国工业报，2017 – 05 – 09.

[128] 运 – 20 [DB/OL]. 百度百科，https：//baike. baidu. com/i-tem/%E8%BF%90 – 20/4586945.

[129] 张凡，宁越敏. 全球生产网络、航空网络与地方复合镶嵌的战略耦合机理 [J]. 南京社会科学，2019 (6)：50 – 58.

[130] 张洪. 成都建设中国西部国际航空枢纽研究 [J]. 中国民用航空，2018 (3).

[131] 张蕾，陈雯，宋正娜. 空港经济区范围界定——以长三角枢纽机场为例 [J]. 地理科学进展，2011，30 (10)：1255 – 1262.

[132] 张蕾，陈雯. 国内外空港经济研究进展及其启示 [J]. 人文地理，2012 (6)：13 – 18，136.

[133] 张蕾，陈雯. 空港经济区产业结构演变特征——以长三角枢纽

机场为例 [J]. 地理科学进展, 2012 (12): 1685 - 1692.

[134] 张赛男. 上海高端制造业新引擎: 大飞机助力航空产业集群崛起 [DB/OL]. 21 世纪经济报道, https://m. 21jingji. com/article/20170505/12f610ffe7f1f10f8d94b76b9c41295d. html.

[135] 张文俊. 国内外临空经济区的发展现状比较研究 [J]. 科学与财富, 2012 (1).

[136] 张小刚. 陕西航空未来将建成"五园区"飞机制造为核心 [DB/OL]. 华商报讯, http://www. xazdhk. com/new. asp? N = 5.

[137] 张志强. 天津临空产业区发展航空产业思路探讨 [J]. 求知, 2010 (3): 5 - 36.

[138] 赵冰, 曹允春. 多机场临空经济区差异化发展经验及对北京临空经济区的启示 [J]. 企业经济, 2018, 37 (2): 176 - 182.

[139] 赵冰, 曹允春. 基于产业转移的临空产业选择研究 [J]. 商业研究, 2013 (2): 58 - 63.

[140] 赵巍. 全球航空市场格局与客运枢纽分布特征 [DB/OL]. 民航资源网, http://news. carnoc. com/list/413/413775. html.

[141] 赵文. 临空经济与区域经济发展的耦合作用机理——以首都第二国际机场兴建为例 [J]. 经济社会体制比较, 2011 (6): 120 - 125.

[142] 智研咨询. 2019 - 2025 年中国飞机租赁市场全景调查及发展前景预测报告 [R]. 产业信息网, https://www. chyxx. com/research/201903/720913. html.

[143] 中国国际航空航天博览会 [DB/OL]. 百度百科, https://baike. baidu. com/item.

[144] 中国国际航展的蓝天情怀 [DB/OL]. 中国国际航空航天博览会官方网站, https://www. airshow. com. cn/Category_1174/Index. aspx.

[145] 周海港, 周阳. 黑龙江省发展成临空经济指标体系构建研究 [J]. 北方经贸, 2014 (7): 93 - 94.

[146] 周少华, 韦辉联. 临空经济的主要发展模式 [J]. 中国国情国力, 2009 (11): 57 - 59.

[147] 周一星, 胡智勇. 从航空运输看中国城市体系的空间网络结构 [J]. 地理研究, 2002, 21 (3): 276 - 286.

［148］珠海市人民政府办公室 . 珠海市先进装备制造业发展十三五规划［R］. 珠海市人民政府官方网站，http：//www. zhuhai. gov. cn/zw/fggw_44493/zfgb_44497/201703/P020170324542010961123. pdf.

［149］祝平衡，张平石 . 发展临空经济的充要条件分析［J］. 湖北社会科学，2007（11）：95 - 97.

［150］C919 飞机［DB/OL］. 中国商飞公司门户网站，http：//www. comac. cc/cpyzr.